серия
НИТИ судьбы

Галина ШЕРЕМЕТЕВА

КАРМИЧЕСКИЕ ИСТИНЫ

ПИТЕР®
Санкт-Петербург
Москва · Харьков · Минск
2002

Шереметева Галина Борисовна

КАРМИЧЕСКИЕ ИСТИНЫ

Серия «Нити судьбы»

Главный редактор	*Е. Строганова*
Заведующий редакцией	*А. Баев*
Зам. заведующего редакцией	*Л. Панич*
Литературный редактор	*Е. Береславская*
Художник обложки	*К. Радзевич*
Корректоры	*Н. Романова, С. Шаханова*
Верстка	*Е. Петрова*

ББК 88.6 УДК 133

Шереметева Г. Б.

Ш49 Кармические истины. – СПб.: Питер, 2002. – 192 с.: ил. – (Серия «Нити судьбы»).

ISBN 5-318-00698-1

Неужели за кармой человека, позитивной или негативной, кроются лишь поступки, совершенные им в прошлой жизни, и деяния предков? Неужели, совершая малые проступки, делая ошибки, мы заслуживаем себе мучения в следующей жизни и обрекаем на жалкое существование своих потомков?

На самом деле картина гораздо оптимистичнее. Можно не только скорректировать карму, но и полностью нейтрализовать ее негативное воздействие. Большинство людей просто по незнанию не используют заложенный в них духовный потенциал, сокращая тем самым свою жизнь, делая ее тяжелой и безынтересной. И многие просто не догадываются, какими им предназначенными дарами наполнен земной мир. Одна из задач «Кармических истин» — научить принимать эти дары и безо всякого стеснения ими пользоваться. В подтверждение сказанного — древняя притча:

«Одна женщина забрела на бесчисленные склады, где хранилось все, что только может пожелать себе человек для счастливой жизни. Долго ходила она. Устав бродить, обратилась к Богу: "Господи, кому это все предназначено?" И Господь ответил: "Меня все люди о чем-либо просят. Все люди — это дети мои. Я не могу им ни в чем отказать и даю им по просьбе их, но они не приходят, чтобы взять данное их Отцом"».

ISBN 5-318-00698-1

Лицензия ИД № 01940 от 05.06.2000.
Налоговая льгота – общероссийский классификатор продукции
ОК 005-93, том 2; 95 3000 – книги и брошюры.
Подписано к печати 24.10.2001. Формат 84x108 1/32. Усл. п. л. 10,08. Тираж 20 000 экз. Заказ № 611.
ЗАО **«Питер Бук»**. 196105, Санкт-Петербург, ул. Благодатная, 67.
Отпечатано с готовых диапозитивов в ГИПК «Лениздат»
(типография им. Володарского) Министерства РФ по делам печати,
телерадиовещания и средств массовых коммуникаций.
191023, Санкт-Петербург, наб. р. Фонтанки, 59.

ОГЛАВЛЕНИЕ

От автора 4

Предисловие 6

Глава 1
Закон кармы и основные принципы его действия 9

Глава 2
Душа и строение человека 30

Глава 3
Влияние кармы планеты и кармы человечества на личную карму 73

Глава 4
Карма личности и пути ее определения 87

Глава 5
Знаки зодиака и карма души 103

Глава 6
Вычисление кармического числа 121

Глава 7
Карма рода и механизмы ее действия 127

Послесловие 185

От автора

Многолетняя практика целительства подвела меня к проблемам наследования определенных заболеваний и так называемых родовых проклятий. Каждый раз, сталкиваясь с этими вопросами, я спрашивала себя: «За что именно им выпало подобное испытание?». Видя совсем еще невинных детей, страдающих тяжелыми заболеваниями, хороших людей, чья жизнь превратилась в цепь серьезных проблем и неудач, я вновь задавала себе вопрос: «За что?». Много лет своей практики я постигала эту проблему. Ознакомившись с рядом буддистских трактатов и изучая восточную философию, я нашла ответы на многие интересующие меня вопросы. Полученные из кинезиологии знания по снятию стрессовых состояний и освоение Идеал-метода доктора Тойча позволили мне дополнить свою методику работы над проблемами кармических заболеваний.

Для многих представление о карме стало созвучно с представлением о «злом роке», но это не совсем так. Дать понятия о законах кармы и путях их преодоления стало целью этой книги.

Понятие кармы было введено буддизмом и поддержано некоторыми эзотерическими школами. Прежде всего, оно базируется на представлении о реинкарнации — возвращении бессмертной души в физическое тело для развития души. Таким образом, тело — это временное пристанище души. Душа освобождается от него, когда тело начинает тормозить процессы развития и когда резервы данного тела душа больше не может использовать. Это похоже на школьника, который с переходом в следующий класс выбрасывает старую школьную форму, ставшую чересчур старой и тесной. К сожалению, многие люди не используют заложенный в их теле потенциал для развития души, тем самым сокращая свою жизнь и делая ее тяжелой и серой. Этот физический мир наполнен неисчислимыми дарами Вселенной, научиться пользоваться ими — наша задача. Существует такая притча:

> Одна женщина забрела на бесчисленные склады, где хранилось все, что только может пожелать себе человек для счастливой жизни. Долго ходила она; устав бродить, обратилась к Господу: «Господи, кому это все предназначено?» — и Господь ответил: «Меня все люди о чем-либо просят. Все люди — это дети мои. Я не могу им ни в чем отказать и даю им по просьбе их, но они не приходят, чтобы взять данное их Отцом…»

Как часто мы обращаем свои мольбы к небесам, но на самом деле ни на что не надеемся и не ждем помощи. Каждый человек в этом мире может быть счастлив и продвигаться по пути развития души. Совсем не обязательно, чтобы это был путь отречения, схимы, молитвы и затворничества. Вся красота и многообразие мира говорят обратное. Научиться объединяться с этой красотой, чувствовать ее во всем проявлении и любить — вот тот путь развития души, который даст радость человеку и приведет его к истине. Пора уже отказаться от образа духовного человека в рубище, ведущего аскетический образ жизни. «Радость страдания» для признания своей «духовности» создала огромное множество страдающих людей. Мученичество как путь отречения от красоты этого мира, отказ от собственного счастья и благополучия, чтобы быть принятыми в Раю — по этому пути долго шло человечество, создавая себе бесконечную возможность страдать. Этот путь уже привел многих к тому плачевному состоянию, которое мы видим везде вокруг себя. Так много страданий, убогости, нищеты, отчаяния заполняют наши города и деревни. Как помочь людям вернуться к радости, здоровью? С ответом на этот и другие вопросы, найденные автором, вы познакомитесь в этой книге.

Предисловие

Сегодня мы, безусловно, хорошо знакомы с невротической формой беспокойства или хронической тревоги, которая проявляется в виде глубоко укоренившегося в сознании и не исчезающего ни на мгновение ощущения опасности. Нередко причиной возникновения этого ощущения является отсутствие правильной духовной или философской ориентации, которая наполнила бы жизнь человека осмысленностью и открыла бы перед ним путь к себе. Путь, который включает в себя осознание отождествления «Я» с физической оболочкой, комплексами и привычками, а также личинами, которые каждый надевает на себя в этой жизни. Модели поведения и устоявшиеся традиции, насаждаемые обществом, заставляют забыть свое «Я» и надеть личину преуспевающего человека, примерного ребенка, мужа, жены и т. д. Многие люди усердно соблюдают все правила, как быть хорошим, но так и не достигают успеха и счастья. К концу жизни большинство людей подходят со страхом и отчаянием — ломаются нормы хорошего поведения в обществе, то, что раньше осуждалось, теперь приветствуется. Те идеалы, к которым стремились всю жизнь, оказываются неправильными и ложными. Как сохранить и упрочить свое личное «Я»? — такое состояние приводит к отчаянным попыткам обрести личную безопасность, абсолютно недостижимую благодаря самой природе нашего мира. В современном обществе эта грустная тенденция сделалась довольно-таки обычным явлением, вследствие чего нередко можно слышать о постоянно и неотступно преследующем нашу цивилизацию ощущении безысходного ужаса и тревоги. Противоядие, способное избавить нас от этих бед, вполне очевидно. Осознание причин, вызывающих те или иные события нашей жизни, и мотив возникновения этих причин помогут занять устойчивую позицию и помочь сориентироваться в этом неустойчивом мире. Осознание того, что первопричиной является путь души и ничто иное, даст представление о том, что страдания возникают и усиливаются у тех, кто сходит с этого пути в поисках неустойчивых земных благ, удовольствий и привилегий.

Поиски радости в мире физических форм — это недостижимая цель. Формы разрушаются, меняются вместе с представлениями об их ценности. Обретя временную радость, человек повергается в пучину горести и отчаяния, т. к. не может остановить, задержать эту радость бесконечно долго. В физическом мире все подвержено разрушению и тлению. Нет ничего вечного, незыблемого. Именно поэтому все поиски момента радости сопровождаются страхом потери и отчаянием. Намеченное событие («И тогда я, наконец, заживу спокойно...») не приносит желаемого стабильного спокойствия. Нескончаемое зарабатывание денег и создание благоприятных условий заканчиваются со старостью, обессиливанием и смертью.

Все сказки кончаются: «И жили они долго и счастливо...» — но что такое долгое счастье, где ничего не происходит, а значит, нет и страхов, потерь, горя? Об этом даже в сказках ничего не написано. Как прожить долго и счастливо? Этот вопрос волнует многих. Что такое счастье? Вопрос, на который человечество пытается веками найти ответ.

Многие события, происходящие с нами сейчас, имеют свою предысторию, или первопричину, в прошлом. Через определенное время события эти повторяются в своей основе. Это похоже на гигантскую спираль (ДНК), каждая точка которой имеет свое продолжение на следующем и предыдущих витках. Опыт подытоживается, а недоработанные в прошлом ситуации обостряются.

Все живое связано со строением этой спирали и подвержено ее законам частичной повторяемости. Каждый виток связан с определенными реакциями человеческой души на происходящее в мире. Нарушения в этой цепи ведут к наследственным нарушениям как в жизни человека, так и в жизни всего общества и физической Земли. Неизменяемая веками конструкция этой спирали связана с закодированной основной программой развития души.

Все события, происходящие в жизни человека, способствуют получению опыта душой. Если этот опыт душа принимает быстро и легко — отпадает необходимость повторения. Если обучение не проходит легко из-за косности мышления, отрицания жизни души или непонимания происходящего — события повторяются, но уже в отягощенном варианте. Материалистические представления о мире и человеке привели человечество к достаточно отягощенному принятию опыта души. Многочисленные «несправедливости» и беды возвращают людей к размышлению о смысле жизни и природе души, что дает возможность продвигаться по пути развития. Разобраться в Законах развития души может помочь истинное понимание учения о карме, или Закона причины и следствия, к которому мы и обратимся. Рассмотрение конкретных моментов жизни людей, представленных в книге, поможет четче понять механизмы воздействия этого Закона на нашу жизнь.

Язык книги достаточно прост для истинного понимания действия этого Закона, но не примитивен, т. к. ценить и уважать возможности своего собеседника и слушателей — одно из условий управления этим Законом.

Глава 1

Закон кармы и основные принципы его действия

КАРМА

Слово «карма» происходит от санскритского слова «*кри*» — делать. Всякое действие для развития души есть КАРМА. Это слово также обозначает «результаты действия». В связи с метафизическими соображениями оно означает иногда результаты, причинами которых были наши действия.

Принцип герметизма — принцип причины и следствия — в Кибалионе* звучит так:

> Всякая причина имеет свое последствие; всякое последствие имеет свою причину; все совершается сообразно закону; случай есть лишь название, даваемое нами законам, еще не познанным; есть много плоскостей причинности, но ничто не ускользает от закона.

Существует много плоскостей причинности — столько же, сколько и плоскостей сознания; и если на низшей — материальной — плоскости причинность может казаться нам просто слепым роком, закономерностью, действующей совершенно механически, без всякого отношения к каким бы то ни было моральным и духовным целям, то на высшей — духовной — плоскости сознания нам становится ясным, что такое представление о причинности столь же неправильно и обманчиво, как и во-

* Учение Кибалион, созданное за 5000 лет до н. э. Гермесом Трисмегистом, содержит семь Принципов устройства окружающего нас Мира.

обще всякое знание, основанное исключительно на чувственном опыте.

Весь механизм Вселенной подчинен высшему Закону гармонии и любви, приспособляющему последствия к причинам таким образом, что все во Вселенной стремится к созданию *Человека,* то есть Разумного, самосознательного существа, и что развитие человечества неуклонно идет к осуществлению идеалов справедливости, любви, братства, духовности и, наконец, богочеловечества, через которое природа снова воссоединится с абсолютом.

В мире физических явлений все подчинено Закону причинности. Грубый уровень причинно-следственной взаимосвязи очень хорошо известен науке. Наука его изучает, и этому мы обязаны материальным развитием общества. Но мало кто знает о причинно-следственных связях на тонком уровне общества. Поэтому так незначителен прогресс в духовном направлении. В мире нравственном этот закон оказывает воздействия, вследствие которых добрые поступки, мысли и желания влекут за собой благие последствия для того, кто совершает эти поступки или предается такого рода мыслям. Злые поступки, дурные мысли и желания приносят вред тем, от кого они исходят.

Если вам кажется, что этот закон, так называемый закон кармы, далеко не всегда осуществляется, что злодеи часто остаются ненаказанными, а праведник страдает, то это происходит только благодаря тому, что закон кармы действует на протяжении многих воплощений, мы же наблюдаем лишь одну короткую земную жизнь. Часто карма накапливается в течение многих воплощений, прежде чем она созреет и принесет плоды, видимые для всех. Но на карму не надо смотреть как на отмщающую систему. Нас не наказывают за грехи и не награждают за наши добродетели, а сами наши грехи и добродетели по своей природе являются для нас источниками страданий или радости. Если мы испытываем страдания, то это не наказание, а лишь доказательство того, что мы еще не выработали в себе необходимых свойств и способностей, необходимых для того, чтобы мы могли привести свою жизнь в соответствие с планом, лежащим в основе мировой эволюции. Именно поэтому мы попадаем в такие условия, когда особенно ярко можем осознать все свои недостатки и таким образом иметь возможность исправить их. **Помочь поменять свою неспособность на способность, нежелательные черты на положительные — вот идея кармы.** Сама идея кармы не имеет ничего общего с понятием о *возмездии.* Страдание есть не возмездие, а просто необходимое условие совершенствования души. Это нужно четко понять, чтобы составить себе представление о законе кармы.

Говоря о принципе причинности, нельзя не коснуться вопроса о свободе воли. Нередко приходится слышать, что признание закона кармы непременно должно сделать людей равнодушными фаталистами, но на самом деле это не так. Человек свободен и несвободен. Несвободен он, поскольку связан созданной в прошлой личной жизни личной и коллективной кармой. Вследствие этого он совершает те или иные поступки. Свободен, поскольку сознательно избирает тот или иной идеал жизни и стремится осуществить его.

Каждый человек имеет двоих родителей и четверых прародителей, шестнадцать прапрародителей и т. д., через сорок поколений число предков доходит до нескольких миллионов. Нелегко установить причины, которые, пройдя через несколько поколений, дали свои следствия. Большинство людей в большей или меньшей степени являются рабами наследственности, окружающей среды и т. д. Они не могут до конца освободиться. На них влияют мнения и мысли внешнего мира, а также эмоции, чувства, настроения окружающих и полученная наследственным путем цепь следствий утерянных в веках причин. Часто даже происшедшее с родителями в их молодости становится тайной за семью печатями для детей. Но дети сталкиваются со следствиями содеянного их родителями. Что же говорить о причинах, порожденных несколькими поколениями ранее? Многие мысли, ожидания, тайные желания и действия, связанные с отказом в развитии души, вызывают видимые следствия через несколько поколений. Это и есть карма рода.

Человек связан не только кармой рода, но и еще несколькими видами карм. Все они неразрывно соединены и ведут душу к развитию. Наивно было бы предположить, что «техническая» зачистка кармы экстрасенсами приведет к освобождению от кармических узлов, так как душа сама должна получить свой опыт развития.

Ни один человек не сможет освободить другого от кармических последствий зла, совершенного им. Можно лишь помочь ему осознать кармические причины его страданий, указав Путь, ведущий к выздоровлению, которое возможно лишь после внутренней работы человека над собой...

Мало знать, что кто-то из предков сделал раньше, необходимо постичь — какую задачу должна была выполнить душа на пути своего развития. Именно эта невыполненная задача передается от предков и создает в настоящем цепь следствий, которые необходимо правильно понять. Только разговорами о распространении любви на всех не решить этих задач. Многие души, не пройдя определенных этапов развития, еще не способны к истинной любви. **Научиться любви, понять ее истинный смысл и значение в этом мире — одна из задач развивающейся души.** Не слабая любовь, умиляющаяся содеянным, а сильная, действующая любовь, такая, как, например, у матери Терезы, способна вернуть душе осознание истинного назначения человека в этом мире. Нельзя проявлять истинную любовь, любовью можно только стать. Ибо это состояние, а не чувство. Став однажды любовью, нельзя из нее выйти и перестать ее проявлять. Поэтому все призывы простить и полюбить — не истинны. Став любовью однажды, уже нельзя не стать прощающим. Человек, ставший любовью, вошедший в состояние любви, уже не способен чувствовать обиды. Именно такому состоянию пришел учить людей Иисус Христос.

Карма играет важную роль в нашей жизни. Но она выражает связь настолько тонкую, что мы ее просто не замечаем. Мы видим только грубый план, на уровне которого в основном и задействованы наши усилия и внимание. Не владея осознанием тонкого уровня, в котором и коренятся причины происходящего с нами, мы не можем достичь счастья.

Принято считать, что умный человек может достичь многого. Однако мы часто имеем возможность убедиться в обратном. Обычно у умных людей множество проблем, и они не в состоянии получить желаемое. Это происходит потому, что нельзя добиться всего с помощью интеллекта, действуя только на грубом уровне.

Карма создается серией предпосылок, объединяющихся в общую причину, которая далее создает следствие. В силу различий поведения, социальных привычек, интеллекта и многого другого причины формируются у всех людей с индивидуальными различиями. Следствия из причин, создаваемых различными людьми, также различны. Есть общие черты и закономерности, но нет идентичных причинно-следственных связей. Каждый поступок совершается личностью, индивидуальной в своей уникальности и по своей программе, поэтому не может быть одинаковых последствий. Каждый случай необходимо разбирать отдельно. Можно предложить только общие закономерности, но сказать, что и у вас такая же карма, нельзя.

Нарушения, вносимые негативной кармой в жизнь человека, возникают по нескольким причинами, которые существуют одновременно и взаимосвязаны друг с другом. Рассматривая один из видов кармы в настоящем, необходимо учитывать влияние остальных ее видов.

Карма создается нашим телом, речью и умом. Каждое наше действие оставляет отпечаток в нашем сознании.

В нашем сознании существуют три категории кармических отпечатков.

1-я категория — отпечатки, которые приносят счастье. Они называются позитивной кармой.

2-я категория — отпечатки, создающие причины для страданий. Это негативная карма.

3-я категория — отпечатки, не создающие причин ни для страдания, ни для счастья, называемые нейтральной кармой.

Наши положительные действия тела, речи и ума создают положительную карму.

Негативные действия тела, речи и ума создают негативную карму.

Говоря о карме, мы говорим о душе, рассматривая кармические взаимодействия, мы прежде всего должны рассматривать путь души. Закон кармы способствует развитию души и направляет ее по истинному пути.

ХАРАКТЕРИСТИКИ КАРМЫ

Карма есть закон причин и следствий. Она определяет как возникновение Вселенной, так и то, что происходит и переживается в повседневной жизни.

Существует Коллективная карма, где наши и другие ментальные формации образуют Вселенную, а также Индивидуальная карма — тот способ, которым мы переживаем мир. Есть люди со смешанными кармами, у которых в подсознании есть впечатления, которые слишком велики и невыносимы. По этой причине, когда такие люди смотрят вглубь себя, то они испытывают страх, сомнения и даже отвращение. Они могут воспринимать мир как нечто угрожающее и враждебное и думать, что их жизнь идет недостаточно хорошо.

К моменту рождения ребенок уже имеет наложение нескольких видов карм. Условно это выглядит так, как показано на рисунке.

Схема последовательности наложения видов карм, связанная с приходом, «нисхождением», души на Землю

Все эти виды карм, взаимопроникая и пересекаясь, создают основные узлы, или нити, кармы данной души. Это, скорее всего, похоже на экзамены, во время которых душа должна проявить все свои качества роста. В жизни это проявляется как события, вызывающие необходимость принять решение, которое и будет свидетельствовать о степени проявленности души в этом теле. Неверное реагирование, базирующееся на жизни тела, а не души, вызывает негативные последствия. Цель таких последствий — вызвать воспоминания души о том, что является главным составляющим в этой жизни. Такими событиями могут стать: потеря имущества, тяжелая болезнь, потеря привлекательности, авария и т. п.

Выделяются четыре характеристики кармы.

ДАННОСТЬ КАРМЫ

Карма существует. Если вы создаете негативную карму, то она определенно дает негативный результат, она не может дать позитивного результата, и наоборот. Каждый результат порождается определенной причиной. Причина, которая не имеет никакого отношения к следствию, не может создать это следствие.

ОТСУТСТВИЕ РЕЗУЛЬТАТА

Если не созданы предпосылки для его возникновения. В своей повседневной жизни мы часто беспокоимся о будущем, но не создаем причин для своего счастья. Чтобы вырастить урожай, мы сажаем семена и постоянно ухаживаем за ними. Результат таких действий мы получаем довольно скоро. Сажая семена своего духовного совершенства и постоянно ухаживая за ними, мы создаем причины, которые имеют глобальные последствия. Если же вы не делаете ничего для создания негативной кармы, вам незачем волноваться о будущем.

СОЗДАННАЯ КОГДА-ТО КАРМА НЕ МОЖЕТ НЕ ПРОЯВИТЬСЯ

Независимо от того, сколько времени пройдет, созданная карма однажды проявится и даст результат. Поэтому необходимо быть очень осторожным и внимательным. Хорошо, если в дальнейшем вы сможете очистить свою карму, если же нет, то непременно столкнетесь с ее негативными последствиями. Верно и другое: если вы создали положительную карму, то неизбежно получите положительный результат.

КАРМА УМНОЖАЕТСЯ

Любое дерево, вырастая, дает семена. Эти семена становятся множественным повторением дерева. Так и карма. Даже самая незначительная негативная карма множится и разрастается. Поэтому даже небольшую негативную карму необходимо очищать и накапливать позитивную.

ДЕЙСТВИЯ И ПРИЧИНЫ ЗАРОЖДЕНИЯ НЕГАТИВНОЙ КАРМЫ

Слово «карма» вошло в употребление на Западе в искаженном понимании. Когда человека постигает заслуженное возмездие, то говорят: «Такова его карма». Мы уже говорили, что понятие кармы пришло к нам из буддизма. На самом деле в буддизме такое событие называется ВИПАКА, что буквально значит «созревание». Карма же является семенем, которое стало причиной его существования.

Общее значение слова «карма» – «деяние»; в более узком смысле оно употребляется для обозначения целенаправленных действий тела, речи и сознания.

Все эти действия порождают крошечные зерна, которые со временем вызывают к жизни дальнейшие следствия. Эти следствия бывают благоприятными или нейтральными в зависимости от характера изначального поступка. Понятие кармы используется для объяснения различающихся условий жизни людей в этом мире. Некоторые люди здоровы, сильны и наслаждаются жизнью в благоприятных обстоятельствах. Это является результатом благих деяний, совершенных ими в нынешней или в предыдущей жизни. Точно так же условия жизни несчастных и обездоленных людей объясняются их дурными деяниями в прошлом.

Под воздействием одной из видов карм человек может родиться в хороших условиях в обеспеченной интеллигентной семье, однако под воздействием кармы другого вида он может лишиться возможности наслаждаться преимуществами своего рождения. Он может оказаться физически беспомощным и постоянно испытывать боль. Точно так же кто-то другой, родившийся в прямо противоположных условиях, может стать обладателем такого характера, который **позволит ему быть счастливым при любых обстоятельствах**.

Карма нации, или общечеловеческая карма, которая сильнее индивидуальной, может привести к гибели добродетельного человека. Так, например, в местах катастроф оказываются не только люди, заслуживающие наказания, но и добродетельные, и даже святые.

Итак, теперь поговорим о тех этапах становления и преобразования негативной кармы, которые дают нам более четкий анализ как ее увеличения, так и освобождения от нее.

Негативная карма зарождается в повседневной жизни несколькими действиями и причинами.

ПЕРВАЯ ПРИЧИНА – НЕВЕДЕНИЕ ИЛИ ОМРАЧЕНИЕ

Человек не успел обуздать своих страстей и стремлений к жизни в прошлом и не понял, что он должен был делать, а напротив, увлекся бытием, будучи всецело охвачен вихрем жизни. Не вспомнив, что он душа в этом теле, человек уподобляет себя этому временному пристанищу души. Это и есть неведение, оно переходит из прошлой в настоящую жизнь вместе с другими элементами.

Неведение можно разделить на два этапа.

Первый этап – неведение, касающееся проявлений в настоящей повседневной жизни. Предрассудки и суеверия, обусловленные нормами поведения, диктуемыми общественным сознанием («ярмарка тщеславия»), в основе которых лежат семь смертных грехов.

1. Высокомерие.
2. Чревоугодие.
3. Похоть.
4. Гнев.
5. Жадность.
6. Зависть.
7. Своекорыстие.

По мере того, как человек очищает от них свою жизнь, все яснее открывается ему смысл его рождения.

Чтобы не загрязнять ими свою жизнь, были даны законы:

Чти отца твоего и мать твою.
Не убий.

Не прелюбодействуй.

Не укради.

Не приноси ложного свидетельства на ближнего твоего.

Не завидуй — не возжелай жены ближнего твоего, ни вола его, ни осла его, ни всякого скота его, ни добра ближнего своего, дома и хозяйства его, ничего, что у ближнего твоего.

Очень важна заповедь:

Не сотвори себе кумира и никакого изображения, что на небе вверху, и что на земле внизу, и что в воде ниже земли; не поклоняйся им и не служи им, ибо Я ГОСПОДЬ БОГ, твой ревнитель, наказывающий детей за вину отцов до третьего и четвертого рода ненавидящих Меня и творящий милость до тысячи родов любящим Меня и соблюдающим заповеди Мои.

Второй этап — неведение, касающееся состояния психики и сознания. Сюда относятся «Эго-программа» и представление о себе и своем «Я».

Наше драгоценное «Я» — есть не более чем понятие, полезное и разумное лишь до тех пор, пока мы относимся к нему как к понятию, но становящееся губительным, как только мы начинаем отождествлять его со своей истинной природой. Отсюда и возникает естественная склонность некоторых людей чувствовать несоответствие или конфликт между своим представлением о себе и конкретным ощущением себя. Когда перестанешь отождествлять себя с представлением о самом себе, в этот момент подвергаются внезапной перемене все взаимоотношения между познающим субъектом и познаваемым объектом. Возникает единство, в котором субъект и объект взаимно создают друг друга, при котором переживающий оказывается не отделим от переживания. При этом становится бессмысленным представление, что «от жизни надо что-то взять», а из опыта «нечто извлечь».

Человек, осознающий, что его представление о себе не есть он сам, освобождается от субъективного разделения мира на «Я» и «мой опыт» и обнаруживает истинную взаимосвязь между «Я» и «внешним миром».

Отождествление человека с представлением о самом себе создает у него особое чувство устойчивости, так как опирается на тщательно отобранные воспоминания из его прошлого, обладающие фиксированным, неизменным характером, связанным с чисто символической ролью, позволяющей ему весьма внятно представить себя окружающим.

Представление о самом себе в мире людей, или «личины», которые мы выбираем, заставляют нас забыть о том, кто мы на самом деле. Мы боимся одиночества, самих себя, поэтому стараемся быть нужными кому-то. Для этого мы надеваем маску — «личину». Чтобы быть признанным, нужным, успешным в театре жизни, мы начинаем изображать «хорошего ребенка», «послушного, любящего сына», «жену», «мужа», «успешного человека» и так далее. Постепенно в огромном количестве «личин» мы теряем самих себя. Мы уже не знаем, какие мы, кто мы? Перестать соответствовать ожиданиям от вас, перестать играть роль, из-за которой страдает наша внутренняя сущность — вот задача развивающейся души. Так, например, прекрасный актер Иннокентий Смоктуновский, сыгравший незабываемую роль Гамлета и слившийся с этой маской, вынужден был некоторое время «искать себя» с помощью специалистов. Огромное количество людей на подмостках жизни нуждаются в такой же помощи.

ВТОРАЯ ПРИЧИНА — ВОЛЕВОЕ ДЕЯНИЕ

Если человек полностью погружен во мрак неведения и жаждет жизни и наслаждений, то совершает волевые усилия для достижения всего этого. Стремясь наполнить свою физическую жизнь удобствами и материальными благами, порою в ущерб душе, создает семена негативной кармы. Следствием таких волевых усилий станет потеря или обесценивание всего, достигнутого с таким трудом.

ТРЕТЬЯ ПРИЧИНА – ОГРАНИЧЕННОСТЬ ВОСПРИЯТИЯ МИРА

Отрицание наличия тонких вибраций души и всего того, что невозможно увидеть собственными глазами, услышать, пощупать или воспользоваться другими органами чувств, создает еще одну предпосылку для разрастания негативной кармы.

ЧЕТВЕРТАЯ ПРИЧИНА – ЗАВИСИМОСТЬ ОТ СОБСТВЕННЫХ ЧУВСТВ

Эмоции, негативные и позитивные, держат человечество в полной зависимости от них. Уходя от негативных эмоций, пытаясь не испытывать их, человек идет на всякие уловки и хитрости. Чтобы не чувствовать того, что неприятно, человек порой просто отказывается чувствовать. Такой отказ в подсознании создает блокировку, которая рождает заболевания.

Страх смотреть в будущее может вызвать появление близорукости.

Нежелание слышать неприятные слова, брань — возникновение глухоты.

Страх жизни — не знаем, за какие внешние правила схватиться — болезни ног.

Боимся полюбить и признать в себе бессмертную душу — инфаркт.

Боимся почувствовать единство с людьми и миром — кожные болезни.

Можно и дальше продолжать этот список болезней, суть которых — созданные предпосылки для негативной кармы.

ДЕСЯТЬ НЕГАТИВНЫХ ДЕЙСТВИЙ

Всего насчитывается десять видов негативных действий: три из них совершаются телом, четыре — речью и три — умом. Рассмотрим их подробнее.

НЕГАТИВНЫЕ ДЕЙСТВИЯ НА УРОВНЕ ТЕЛА

Первое негативное действие, совершаемое телом, — это убийство живого существа. Что такое убийство, вы знаете очень хорошо. Убийство осуждается государством. Для всех живых существ жизнь так же дорога, как и для нас. Самая драгоценная вещь, которую мы имеем, — это жизнь. Обесценивание не только человеческой, но и жизни всех остальных живых существ приводит к очень большой негативной карме. Говоря об убийстве, не надо думать только о совершенном. Мысли, раздражение против проявления жизни другим существом тоже относятся к первому негативному действию. Безмолвное согласие на убийство, которое мы отправляем с нашими мыслями и чувствами в Космос, также является негативным действием. Такое согласие мы даем, когда смотрим фильмы с убийствами, читаем о них и не проявляем сопротивления. Многие люди сейчас даже не задумываются над тем, что происходит с ними, когда они равнодушно или со смехом смотрят на умирающих на экране людей. Такое согласие на убийство создает сильную негативную карму, которая вызовет не одну насильственную смерть.

Второе негативное действие — воровство. Если у вас кто-нибудь что-то украдет, вы почувствуете себя несчастным. Точно так же себя почувствует и другой человек, если вы украдете у него. Причинение вреда другому человеку, его жизни и здоровью, является весьма серьезной причиной, нарабатывающей негативную карму. В понятие «воровство» включается не только присвоение себе чужого физического имущества. Воровство может быть и на уровне тонких энергий. Некоторые люди, используя определенные техники забора энергии, разрушают и обесточивают тонкие структуры других людей. «Энергетический вампиризм» получил распространение особенно в последнее время. Освоение техник управления и влияния на людей с целью манипулирования ими и изъятия денег также стало весьма распространено. Все это создает причины для тяжелой кармы.

Третье негативное действие тела — сексуальная распущенность. Объединение в сексуальной связи с другим человеком создает общие энергетические связки. Через эти связки происходит смешивание наследственной информации родов. Если, например, у кошек при таком смешивании рождаются котята разных окрасов и наследственности, то у людей такое смешение передается будущему ребенку. Зачастую это приводит к генетическим аномалиям и нездоровью последующих поколений. Такое смешение энергий сохраняет свою силу в течение достаточно длительного периода. Для мужчин, вступающих в поспешную половую связь, энергия предыдущего мужчины (хозяина) оказывает значительное сопротивление. Зачастую подобные связи создают предпосылки для различных половых заболеваний. Для женщины, в чреве которой побывало несколько мужчин в короткий период, воинственные действия оставленных энергетических следов этих мужчин создают нарушения внутренней поверхности половых органов. Такой след мужчины (хозяина) может держаться до нескольких лет. Существуют методики очищения от подобных следов (об этом смотрите в разделе «Карма женщины»). При соединении мужского и женского тел образуется единый поток, преобразующий энергию Ян в Инь и наоборот (см. знак). При соединении двух мужских или двух женских тел эта спираль не образуется. Однако взаимодействие двух Ян или двух Ин оказывают разрушающее действие на энергетические тела этих людей.

НЕГАТИВНЫЕ ДЕЙСТВИЯ, СОВЕРШАЕМЫЕ РЕЧЬЮ

Ложь. Для того чтобы сказать неправду, необходимо затратить определенную энергию. Все наши слова — это энергия. Правда не требует поддержки. Ложь, сказанная однажды, заставляет поддерживать себя. Встречая человека, которому вы однажды соврали, вы тратите каждый раз все больше сил и энергии, чтобы поддержать эту ложь. Постепенно вокруг лжи собирается много вашей энергии, поддерживающей ее. Ваши силы убывают, а сила у лжи растет. Настанет момент, когда у вас уже не будет столько силы, чтобы противостоять той энергии, которую вы направили на поддержание лжи. Именно в момент слабости ваша энергия, собранная вокруг лжи, вернется к вам с противоположным знаком. Однако существует и такая правда, раскрытие которой может принести большой вред человеку. В таком случае, высказанная, она станет причинением вреда. Сообщение о тяжелой, смертельной болезни, например, не всегда необходимо.

Клевета и злословие. Это такая речь, которая приводит к распрям и создает проблемы в отношениях между людьми, разделяя их. Любое желание разделения людей противно задачам Вселенной, поэтому получает энергетическое сопротивление высших сил, создавая негативные причины для плохой кармы. Когда вы чувствуете, что собираетесь сказать о людях что-то дурное, постарайтесь вовремя остановиться.

Грубость или гневная и резкая речь. Каждый язык имеет свои энергетические корни. Корень слова и звучание определенных звукосочетаний рождают энергетические поля. Именно с этим связано целебное действие молитв и заклинаний. Использование несвойственных для родного языка резких звукосочетаний создает негативные энергетические образования. Окрашенные негативными эмоциями подобные звукосочетания приобретают огромную разрушительную силу. Они долго присутствуют в ауре своего создателя и в аурах тех людей, которые находились рядом с ним во время произнесения. Проклинающий прежде всего проклинает себя на несколько жизней вперед. Эти проклятия сопровождают его в тонком теле после смерти. Они дополняют ощущения в Аду.

Пустая болтовня. Это обсуждение того, кто что сказал, кто что сделал и так далее. Такая речь не создает значительной негативной кармы, но тем не менее не полезна, поскольку представляет собой пустую трату времени как вашего, так и других людей, участвующих в беседе. Кроме того, хотя сама по себе пустая болтовня не вредоносна, в результате ее могут возникнуть гнев, ревность и привязанность.

НЕГАТИВНЫЕ ДЕЙСТВИЯ УМА

Первое — это ум, испытывающий привязанность. Это «схватывающий ум», который постоянно чего-то хочет, жаждет, полон вожделений. Вожделенный ум не приносит прямого вреда другим, но приносит вред косвенный. Никто не хочет испытывать чувства гнева, но гнев возникает. Почему? Потому что в уме существует привязанность к объекту. Например, когда есть привязанность к своей репутации и кто-то говорит вам что-то обидное, возникает гнев. Желания для ума подобны соленой воде: чем больше пьешь, тем сильнее жажда. Здесь невозможно получить удовлетворение. Рассмотрите свою жизнь и вы обнаружите, что это сплошная погоня за соленой водой. Ваша жизнь состоит из стремлений получить что-то и страха потерять то, что получили. Желая получить какую-то вещь, испытывая к ней сильную привязанность, вы, скорее всего, никогда ее не получите.

Привязанность к «признанности» в обществе приводит некоторых людей к освоению разного рода модных знаний и навыков. К таким знаниям относятся и занятия на ускоренных курсах экстрасенсорики и целительства. Желание начать воздействие на людей с целью быть признанным приводит к быстрому и поспешному усвоению поверхностных сведений. Без длительной кропотливой работы над собой такие люди начинают навязывать окружающим свою помощь и «диагнозы». Истинное целительство доступно только тому, кто готов жертвовать собой и постоянно кропотливо работать над своим незнанием и неведением. Если бы люди, бегающие в погоне за подобными знаниями, задали себе следующие вопросы: Для чего вы занимаетесь этим? Хотите ли вы, чтобы окружающие получили зависимость от вас? Готовы ли заниматься всем этим в безвестности и гонимые властями? Я думаю, многие остановились бы и поняли, какую негативную карму они зарабатывают. В святом писании сказано: *«Пусть твоя левая рука не знает, что делает правая»* (*Мф*, 6:3,4). Отдавая свои силы и энергию, забудьте, кому их отдали, и не ждите известности и благодарности!

Второе состояние ума, создающее негативную карму, — это ум, замышляющий зло. Даже вам самим становится плохо, когда вы испытываете гнев, не говоря о других людях. Чем больше будет в вас привязанности, тем сильнее будет ваш гнев. Поэтому, если вы не хотите, чтобы ваш ум был склонен к гневу, постарайтесь уменьшить привязанность. Тогда в уме воцарится некоторый мир. Мысли, связанные с Гордыней: «Чем я хуже? Почему ему, а не мне это досталось?», «Везет же дуракам...» — связаны со злобой и ненавистью к другим людям. Непризнание положительных качеств других людей приводит к привлечению на себя отторжения и непринятия. Зависть, раздирающая злоба являются теми негативными качествами, которые никогда не дадут вам быть счастливыми и жить в достатке.

Третье негативное состояние ума — неправильные, ложные взгляды. Представление о том, что нет жизни после смерти. Неверие в тонкий мир и энергии человека — все это относится к ложным взглядам. Представление, что в жизни важно лишь хорошо зарабатывать деньги и делать все, что захочется, даже убивать, а остальное не имеет значения — это неправильный взгляд.

ЧЕТЫРЕ МОМЕНТА СОЗДАНИЯ КАРМЫ

ОБЪЕКТ

Существует много различных объектов, в отношении которых создается карма. Среди них выделяют так называемые «весомые объекты». Они значительно усиливают вашу карму как положительную, так и отрицательную.

Эти весомые объекты — духовный учитель, родители.

Если вы плохо говорите, гневаетесь на них, то последствия будут несравнимо хуже, чем в случае вашего гнева на обычного человека.

Ваши родители растили вас. Именно им вы должны быть благодарны за те условия, которые они предоставили вам. Ваши действия в прошлых жизнях наработали следствия вашего рождения и притянули этих родителей. Родители были для вас «рукой кармы». Осознав это, вы многое поймете в своей жизни. Плохие условия в родительском доме для многих послужили толчком к поискам истины.

МОТИВАЦИЯ

Мотивацией для создания негативной кармы является гнев, привязанность или невежество. Если присутствует одна из этих мотиваций, вы неизбежно создаете негативную карму. Если же действие совершается без умысла, негативная карма будет меньше.

ДЕЙСТВИЕ

Под действием подразумевается сам процесс совершения задуманного поступка. Вовремя остановленные мысли могут значительно ослабить негативную карму.

ЗАВЕРШЕНИЕ

Если вы совершили дурной поступок, то остается еще возможность облегчить негативную карму, почувствовав сожаление и раскаяние. В этом случае четвертый момент (завершение) будет отсутствовать, что сделает карму не столь тяжелой.

Если были задействованы все четыре составляющие, то карма становится определенной, то есть она обязательно проявится в этой жизни или в последующей. А если сразу после совершения плохого поступка вы почувствуете сожаление, карма становится неопределенной.

Зная, как действует механизм образования кармы, вы можете из жизни в жизнь пресекать проявление негативной кармы.

ПРОТИВОЯДИЯ НЕГАТИВНОЙ КАРМЕ

ПЕРВОЕ ПРОТИВОЯДИЕ – РАСКАЯНИЕ И СОЖАЛЕНИЕ

Испытывая сожаление и раскаяние, вы вспоминаете те неправильные действия или поступки, которые совершили, и понимаете, что эти действия плохие, и вам не надо их совершать впредь. Вы думаете о результатах своих действий.

В этой жизни ваше тело, речь и ум создают негативную карму. Если она не будет очищена, то ничего хорошего это вам не принесет.

ВТОРОЕ ПРОТИВОЯДИЕ – ПРИНЯТИЕ ПОМОЩИ И ЗАЩИТЫ ВЫСШИХ СИЛ

Служение истинным учениям мира.

ТРЕТЬЕ ПРОТИВОЯДИЕ – ДЕЙСТВИЯ

Работы по приведению в порядок святых мест. Уход за беспомощными, тяжело больными людьми с осознанием того, за что они получили такое состояние. Постоянное обращение в своей работе к душе и духовной мудрости.

ЧЕТВЕРТОЕ ПРОТИВОЯДИЕ – СТРЕМЛЕНИЕ НЕ ПОВТОРЯТЬ СТАРЫХ ОШИБОК

Чувство сожаления поможет вам усилить стремление более не совершать старых ошибок. Вы можете принять решение не совершать негативного поступка, но это действует не сразу. Ваши чувства порой не адекватны, так как базируются на прошлых стереотипах поведения. Чтобы разобраться в своем поведении и понять, почему вы так проявляетесь, прочитайте эту книгу. На ее страницах вы найдете много подсказок для анализа своего поведения. Наши неосознанные проявления руководят нами до тех пор, пока мы не поймем, что вызывает их.

Для того чтобы создавать положительную карму, необходимо совершать следующие положительные действия:

— спасать жизнь других существ;
— быть щедрым на всех уровнях;
— не обижать других сексуальным насилием;
— говорить правду;
— говорить только тогда, когда это необходимо;
— распространять согласие и гармонию;
— говорить вежливо;
— быть удовлетворенным своей участью;
— сочувствовать всем существам;
— иметь веру в учение о карме и практиковать его.

Глава 2

Душа и строение человека

«Ваша душа — часто поле сражения, где ваши рассудок и разум воюют с желанием и страстью. Если бы я мог стать миротворцем в вашей душе, я бы превратил разлад и борьбу этих стихий в единство мелодии. Но как я смогу это сделать, если вы сами не хотите тоже быть миротворцами, не хотите стать любовниками каждой из этих ваших стихий?

Ваш рассудок и ваша страсть — это руль и парус фрегата вашей души. И если парус иль руль будут сломаны, фрегат может только метаться бесцельно иль дрейфовать, иль застыть посредине огромного моря. Потому что рассудок, если правит один, — это сила, но имеющая четкий предел, а страсть, если не управляема, — это пламя, что сжигает дотла. Поэтому позвольте душе поднять ваш рассудок до высот страсти, чтоб он мог запеть. И пусть рассудок направляет вашу страсть разумно, чтоб страсть могла воскрешаться изо дня в день и воставать, как Феникс, из собственного пепла.

Мне бы хотелось, чтобы вы взглянули на ваши суждения и ваши желания, как на двух гостей дорогих, сидящих за вашим столом. Вы ведь не будете делать одного из гостей выше другого, потому что тот, кто заботится больше об одном из гостей, теряет любовь и уважение обоих.

Среди холмов, когда вы сидите в прохладной тени белых тополей, внимая спокойствию и безмятежности дальних лугов, — пусть ваше сердце скажет: "Бог покоится в рассудке". И когда приходит буря, и дикие ветры сотрясают лес, и гром и молнии провозглашают величие неба — тогда пусть ваше сердце воскликнет в благоговейном трепете: "Бог обретает движение в страсти". И так как вы — только дыхание божественных сфер и только лист в лесу Бога, вы тоже должны покоиться в рассудке и обретать движение в страсти».

Х. Джебран

БЕССМЕРТНАЯ ДУША

Говоря о Душе, необходимо обозначить ее природу. Что есть Душа?

В трудах Раймонда Моуди, Е. Кублер-Росс и их многочисленных последователей можно найти множество подтверждений о жизни вне физического тела.

В работах по трансперсональной психологии Станислав и Кристина Гроф внесли огромный вклад в изучение уровней сознания вне тела. Четыре уровня переживаний, достигаемых в экспериментальных исследованиях, оказались доступны большинству людей. Переживания эти способствуют уходу человека от своей биологической природы и приближению к Вселенскому Космическому сознанию. Собранный материал позволил Грофу сформулировать свой взгляд на природу человека.

> «В свете представленных результатов исследования сознания уже неприемлем образ человека как исключительно биологической машины. В серьезном логическом конфликте с традиционной моделью новые данные недвусмысленно поддерживают воззрение, которое отстаивали все мистические традиции во все века: при некоторых обстоятельствах человек может функционировать и как обширное поле сознания, трансцендирующее ограничения физического тела, ньютоновского пространства и времени, линейной причинности.»*

С этим взглядом непосредственно связана тема смерти и посмертного существования. Выходя в поле сознания, человек преодолевает границы индивидуальной смерти, становится частицей вселенского разума, и сознание его оказывается бессмертным, включенным в общий процесс развития мирового поля сознания. С этой точки зрения объяснимы случаи реинкарнационных воспоминаний, восприятие новых мест как хорошо знакомых, а также аномальные способности, возникающие в момент смертельной опасности или в экстремальных условиях.

---

* *Гроф С.* За пределами мозга. — М.: Изд-во Трансперс. ин-та, 1993.

Автор многочисленных антропософских трактатов Рудольф Штайнер пишет:

«В человеке следует резко отделять видимое от сокрытого. Ибо во время жизни сокрытое вынуждено вести постоянную борьбу против веществ и сил минерального... Самостоятельный член человеческого существа, во имя жизни препятствующий физическим веществам и силам идти своими путями, ведущими к разложению физического тела, называется эфирным телом...»*

Во время смерти эфирное тело перестает препятствовать физическим веществам идти своим путем.

«Со смертью наступает отделение физического тела от эфирного. Физическое тело остается предоставленным своим собственным силам и поэтому как труп должно распасться. Эфирное тело остается связанным с астральным в течение нескольких дней, в течение которых человек пребывает в таком состоянии, в котором он может воспринимать переживания своего астрального тела... Первое переживание человека после смерти — это его жизнь между рождением и смертью в виде ряда расстилающихся перед ним образов... Лишь когда человек доходит в своем обратном странствии до момента рождения, все испытанные им вожделения оказываются прошедшими через очистительный огонь; теперь ему ничто не препятствует вполне отдаться духовному миру, и он вступает в новую стадию бытия. Как он оставил при смерти физическое тело, а затем эфирное, так теперь распадается та часть астрального тела, которая может жить лишь в сознании внешнего мира. Таким образом, существуют три трупа: физический, эфирный и астральный... Астральное тело участвует во всех процессах между рождением и смертью. Но благодаря тому, что оно духовно рождается между 12-м и 16-м годами и в последнюю эпоху жизни принуждено питаться силами эфирного и физического тел, то, чего оно способно достигнуть собственными силами, развивается медленнее, чем если бы оно не было погружено в физическое и эфирное тело...»**

* *Штайнер Р.* Очерк тайноведения. — Л., 1991.

** Там же.

То, что остается в результате отделения от физического, эфирного и астрального тела, и называют «Душа».

Бессмертная человеческая душа (поскольку это дух) обладает своей индивидуальностью. Ее развитие происходит попеременно по восходящим и нисходящим ветвям благодаря то телесной, то духовной жизни в различных перерождениях. Посмертные перевоплощения душ обусловлены кармой, в основе которой лежит Закон эволюции, направляющий души к духовному совершенству вопреки их сознательному пониманию того, что с ними происходит...

Душа наша настолько реальна, что при известных условиях она может быть видимой независимо от своего тела одинаково как при жизни, так и после смерти. Физическое тело — только внешняя оболочка, только временная одежда человека. Мы расстаемся с нашим телом после смерти навсегда, но мы также расстаемся с ним временно каждый раз, когда засыпаем. Если мы и засыпаем вообще, то только потому, что истинный человек, облеченный в свою астральную оболочку, удаляется на время нашего сна из физического тела. Есть люди, которые по собственному желанию могут покидать свое тело. Такое развоплощение, переход с одного плана жизни на другой, есть факт элементарной магии. Опытный ясновидящий может увидеть астральное тело, парящее над заснувшим или удаляющееся от физического тела на более или менее значительное расстояние.

Высший разум человека владеет воспоминаниями о прошлых его земных жизнях. Память прошлого выражается в тех духовных свойствах и качествах, которые он приносит с собой при рождении и которых он не мог ни получить в наследство от родителей, ни приобрести воспитанием.

Орудием земной памяти, в котором запечатляются все события жизни, является мозг. После смерти тела мозг погибает, унося с собой все то, что было запечатле-

2 Зак. № 611

но в нем в данной жизни. Следовательно, с гибелью мозга гибнет и земная память о только что прожитой жизни. Когда же человек воплощается вновь, в его основном мозгу не может быть запечатлена память о прошлых жизнях, потому что этот мозг во время тех жизней не существовал.

В высшем разуме живет сознание человека. Пока разум поглощен мыслями, относящимися к внешнему миру, к земному, он отуманен себялюбием, он будит лишь низшие силы сознания. Только тогда, когда разум начинает постигать истинную цель человеческой жизни и любви ко всем людям, лишь тогда в сознании начинает усиленно работать совесть и высшая интуиция, просветляющая его и доводящая его иногда до степени гениальности.

Высокие помыслы, благородные и чистые мысли и все то доброе и сверхличное, к чему человек стремится и что он осуществил на пользу близких в своей земной жизни, сосредоточены в его сознании.

Сознание и составляет истинного человека, его вечный *дух* и его бессмертную индивидуальность.

Эволюция человека — это эволюция его сознания. Оно постепенно расширяется и поднимается все выше и выше. Оболочки, в которые человек облекается или которые он сбрасывает, являются не более как орудием этой эволюции. В высшем разуме сосредотачиваются и перерабатываются в способности и качества все хорошие и благородные мысли и начинания, плоды последнего воплощения человека. В нем эти плоды присоединяются к тому опыту, который уже накопился за все его жизни, и вся эта жатва вместе взятая переходит в духовное тело, таящее в себе все силы, необходимые для достижения совершенства. Но это совершенство проявляется в нем только постепенно, через долгие века и в конце многочисленных воплощений.

Достигнуть совершенства — это значит развить все свои внутренние качества, особенно правдивость, любовь и сострадание.

Самые необъяснимые загадки человеческого существования получают простое и разумное объяснение благодаря тайному учению об эволюции тела и духа человека. Оно развертывает перед нами огромное прошлое, на протяжении которого постепенно созидается наш организм. Один за другим нарождались наши органы чувств, и через их посредство пробуждалась вся сложная деятельность нашего духа.

Живя и действуя одновременно в трех планах, человек своим физическим телом влияет на материальный мир: своим астральным телом живет и действует в мире чувств, страстей и желаний, а своим ментальным телом живет и действует в области мысли. Мысли — как свет, тепло, звук — есть вибрации эфира, но вибрации бесконечно очень быстрые, они естественно воспринимаются нашим мозгом, но проследить этот процесс путем физического наблюдения невозможно ввиду тонкости материала мысли.

ЧЕЛОВЕК И ЕГО ТЕЛА

Все уровни, или тела, человека взаимопересекаются и проникают друг в друга, создавая неповторимое сочетание энергетических потоков, окрашенных различными цветовыми оттенками.

Более высокие энергетические вибрации уровней человеческого «Я» расположены в четкой последовательности по следующей схеме, которую, не вдаваясь в подробности, можно расположить так.

«Тела» (уровни):

1. Логическое.
2. Монадическое.
3. Духовное.
4. Буддхическое (причинное).
5. Ментальное.
6. Астральное.

7. Эфирное.
8. Физическое.

Три высшие начала составляют неумирающую часть человека, его бессмертную индивидуальность, они-то и являются истинным человеком, воплощающимся на земле, тем, что мы называем духом. Четыре низших начала составляют смертную часть человека, его временную, преходящую личность, то, что мы называем душа.

Каждое из 7 тел человека соответствует одному из 7 планов Вселенной, состоит из материи соответствующего плана и должно отвечать на вибрации, относящие-

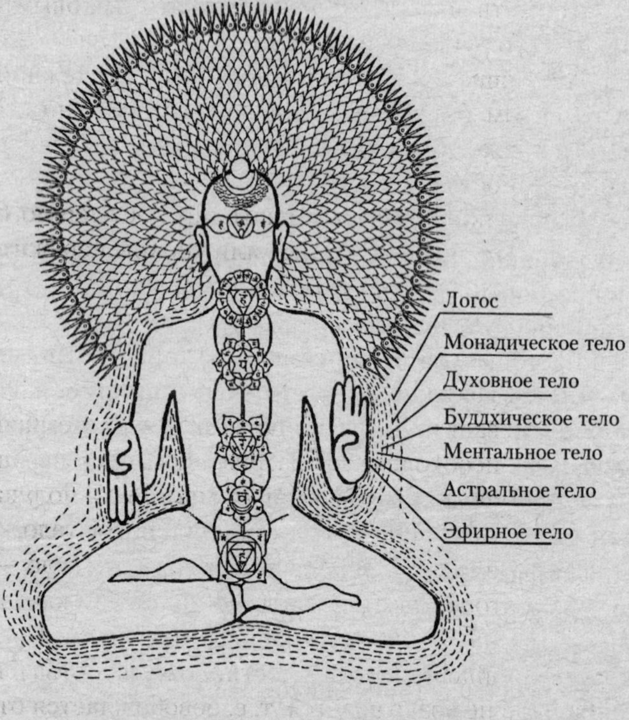

Схема уровней, или тел, человека с чакрами

ся к данному плану. Человек состоит как бы из 7 оболочек, вложенных одна в другую наподобие семи конвертов, входящих друг в друга, причем само тело является наружной, самой тяжелой и самой плотной из этих оболочек. Тело служит инструментом, при помощи которого проявляется, делается видимым и осязаемым истинный человек, т. е. дух. Вместе с тем оно является и одеждой, в которую истинный человек должен облечься, чтобы иметь возможность исполнить свое назначение. Это назначение человек не может использовать в иных сферах, он должен для этого явиться на землю. Но чтобы явиться на землю, ему необходимо облечься в одежду, т. е. в тело; кроме того, ему нужно получить инструмент, чтобы иметь возможность действовать. Таковыми и являются его руки, ноги, уши, глаза, мозг — всё его тело.

Итак, наше тело является не более, как одеждой и инструментом, без которых человек не мог бы ни действовать, ни даже появиться на Землю, и оно отнюдь не сама наша личность.

Назначение человека только одно: постепенно, благодаря целому ряду испытаний, или уроков, пережитых на Земле, достигнуть чистоты и совершенства.

Так как эти испытания, или уроки, человек может получить только во время земной жизни, он отправляется на Землю. Но ввиду того, что в течение одной жизни человек успевает и может приобрести только незначительную часть необходимого совершенства, он возвращается на землю неоднократно и живет много раз, получая для каждой новой жизни новые условия и новое тело.

Итак, Земля есть школа для человека, а тело — мундир, без которого нельзя явиться в школу. Каждая жизнь, прожитая на Земле, есть пройденный класс. Когда все классы пройдены, человек достиг совершенства и в школу больше не возвращается, т. е. освобождается от дальнейших воплощений.

Седьмой оболочкой человека является проводник жизни, эфирное тело или эфирный двойник, который служит его жизненной силой. Эфирный двойник может выйти из тела и удалиться от него на некоторое расстояние, не вызывая смерти. Смерть тела не наступает, пока вышедший из него эфирный двойник связан с телом невидимой тонкой нитью, но как только эта невидимая нить порвана, тело умирает. По выходе эфирного двойника из тела, пока еще цела невидимая нить, все жизненные процессы замедляются, и тело как бы повергается в летаргический сон: оно остается в этом положении до возвращения в него эфирного двойника. Последний и есть тот человеческий двойник, который иногда виден людям. Многие случаи явления двойников живых людей зарегистрированы и известны людям и науке. Процесс выхода жизни из тела был неоднократно наблюдаем ясновидящими разных стран и был описан ими совершенно одинаково. Все они говорят, что видели, как из умирающего тела выступает легкий фиолетовый пар, как этот пар постепенно сгущается, принимает форму, вполне схожую с формой покинутого тела, и как эта эфирная форма остается связанной с телом блестящей нитью. Нить эта рвется лишь через 36 часов после видимой смерти тела. Лишь после того, как порвалась магнетическая нить, тело умерло действительно, т. е. человек скинул с себя одну из оболочек, из которых он состоит. Он развоплотился, но он не умер, так как у него остается еще 6 оболочек, в которые заключена его сущность.

После смерти тела эфирный двойник (6-я оболочка), в которой осталась сущность человека, обыкновенно удаляется на большое расстояние и чаще всего витает некоторое время над трупом в состоянии мирного полусна; если тело положено в могилу, эфирный двойник витает над ней. Затем и эта оболочка рассеивается и тает в окружающем эфире, причем 5-я оболочка (принцип жизни), которому она служила проводником, возвращается в общий резервуар жизни, из которого вся природа черпает свою жизненную силу.

ЭФИРНОЕ ТЕЛО

Физическое тело человека пронизано множеством энергетических каналов (меридианов), которые создают эфирное тело человека. Энергия этих меридианов иногда именуется «живым эфиром». Меридианы, продолжаясь за пределы физического тела, создают вокруг него тонкую сетку, которая как бы примагничивает к себе все остальные тонкие энергии, создающие живую личность. При нарушении этой эфирной сетки наступает болезнь и смерть. Именно поэтому эфирное тело человека нередко называют «телом склейки». Оно несет функцию якоря у корабля. Якорь брошен — корабль пристал к берегу и временно составляет одно целое с ним. Якорь поднят — и материальный берег уходит за горизонт видения.

Все меридианы образуют непрерывный энергетический поток. Один начинается, другой кончается, один переходит в другой. Нарушение в одном меридиане вызывает нарушение в следующем. Такие нарушения вызывают проблемы и неправильные поступки, совершаемые человеком. Нарушение в эфирном теле, в меридианах, вызывают нарушения в физическом теле и прежде всего в тканях, через которые проходит меридиан. Каждый меридиан имеет свой наружный ход, связанный с лимфосистемой организма, и внутренний — проходящий через определенный орган в теле. Поэтому часть меридианов называют по названию физического органа в теле человека.

Место наибольшего пересечения меридианов образует чакру (колесо, поле вращения; *«вершина», «точка»* в переводе с санскрита). Семь основных чакр в теле человека показаны на рисунке. Все чакры имеют свою характеристику и строят психоэмоциональное состояние человека, формируя характер и отношение к жизни.

ЧАКРЫ И ИХ РАСКРЫТИЕ

Освоение Душой физического мира, раскрытие и реализация определенных душевных качеств происходит постепенно и последовательно. Основные чакры, или энер-

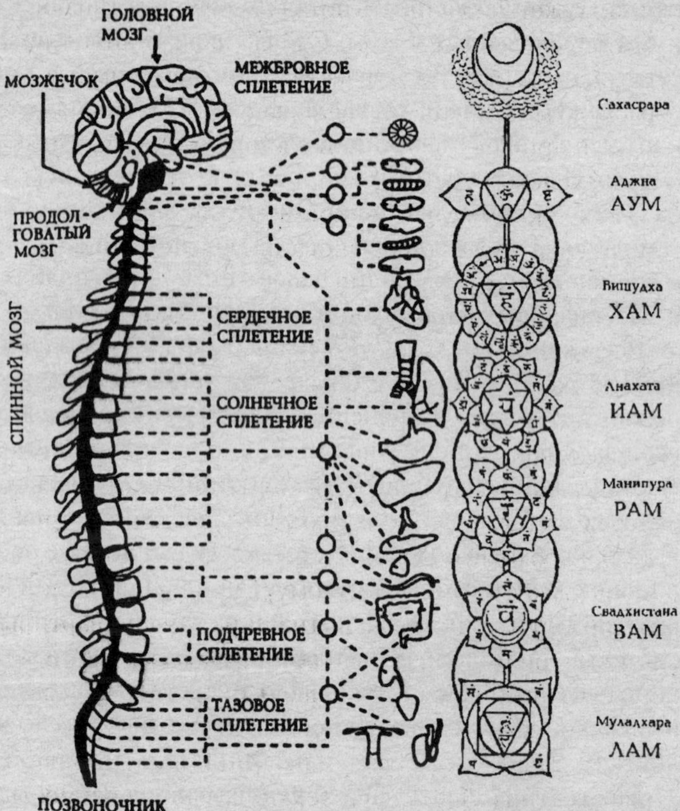

Чакры и место их локализации в теле человека

гетические точки переплетения меридианов, расположены в человеческом теле вдоль средней линии. Неправильным была бы их привязка к позвоночнику, так как уровень их энергий распространяется на всю зону, рядом с которой они локализуются.

Чакры обычного человека имеют только намек на работу, так как энергий, поступающих через них в организм, вполне хватает для его жизнедеятельности. Только развивающаяся Душа, прошедшая долгий путь превращений, может увеличивать поток энергии, поступающий через определенные чакры. Сейчас наработанная положительная карма человечества помогает иметь тела с раскрытыми нижними тремя чакрами. Только некоторые Души, пришедшие в мир в настоящее время, имеют раскрытой четвертую чакру.

1-я — копчиковая чакра — муладхара, которая расположена у мужчин в основании позвоночника, а у женщин — между яичниками.

Это единственная чакра, расположенная по-разному у мужчин и женщин. Иногда ее называют чакрой «выживания», ибо она связана с теми механизмами человеческого организма, которые сохраняют живым физическое тело. Например, когда вы внезапно оказываетесь в опасности или в какой-то критической ситуации, ваша первая чакра открывается, чтобы высвободить накопленную информацию, необходимую вам, чтобы остаться в живых или помочь выжить кому-то другому. Если вы лишились денег, или работы, или же вас выгнали из вашей квартиры, почти наверняка вы находитесь в «чакре выживания», или в своей первой чакре. Все ваше психическое внимание направлено на поддержание основ жизни.

Именно здесь создастся неповторимая, индивидуальная энергия каждого человека, она дает уверенность, стабильность.

Фундаментальным свойством является невинность, которая формирует каждый добродетельный характер.

Блокировка и дисгармония этой чакры приводит к дисгармонии по всей системе чакр. Когда эта чакра блокирована, мы ничего не понимаем и готовы спорить и доказывать что угодно, лишь бы доказать. И если вы заводитесь по пустякам — это значит, что чакра не в порядке. Настраивается она на красный цвет. Энергия красного цвета дает физическому телу человека подвижность, здоровье и силу. Энергия этой чакры резонирует с энергетическим полем вегетативных процессов, определяет физическую структуру, обоняние, половое влечение.

2-я чакра — свадхистана (Свахистхатана, или Свадистан) расположена у мужчин между половым органом и простатой, у женщин на уровне матки. Иногда ее называют **«селезеночной»** чакрой.

Вторая чакра, или «селезеночная», расположена как раз на ладонь под пупком. Через этот центр энергии вы воспринимаете эмоции других людей. Психическая способность ощущать то, что чувствуют другие люди, называется «ясночувствительность» (ясное звание). Многие люди имеют активно действующую вторую чакру и обладают этим психическим даром, не используя его. Она помогает чувствовать опасные ситуации. Некоторая доля ясночувствительности очень полезна, потому что она позволит вам быть чувствительнее к другим людям и чувствовать опасные ситуации. Но широко открытая вторая чакра может привести к травмам. Вот один из наиболее типичных примеров поведения человека с широко открытой второй чакрой: вы в хорошем настроении встречаете своего друга, чтобы выпить с ним кофе и поболтать, но у вашего друга неприятности и депрессия. Вы сочувствуете ему, понимаете его и, желая ему помочь, указываете на хорошее в его ситуации. Чувствуя себя много лучше, ваш друг уходит успокоенный и веселый. Вы же, напротив, чувствуете странную подавленность. Сами не зная того, вы приняли на себя заботы и чувства своего друга.

Мы советуем развивать ясночувствительность как психическую способность, потому что существуют более простые, менее обременительные способы стать медиумом.

Вторая чакра связана также с сексуальной энергией и является точкой, из которой мы посылаем и принимаем сексуальные ощущения. Она является важным центром в практике тантрической йоги, представляющей собой тип медитации, фокусирующейся на сексуальном единении как на способе достижения высших состояний сознания.

Связана она с системой кровообращения и репродуктивной системой. Эта чакра также отвечает за врожденные свойства, за производство семени, яйцеклетки и реализацию на уровне физического мира того, что может создать наш мозг. Она дает такие качества, как терпение, выносливость, уверенность в себе, общее здоровье. В ней нет никакого различия между творческими и репродуцивными образами. Создать книгу или ребенка — главное, создать.

Здесь поляризуется на эмоциональном уровне такое состояние, как «Единство — Разобщенность». Когда работа чакры нарушена, вы перестаете чувствовать себя единым с книгой, со своим ребенком, с обществом. Чувствуете, что вы чужой. Это состояние может перерасти в маниакальное состояние обиды и оправдания своих страстей (пьянство и т. д.): «Я никому не нужен, меня никто не любит, меня все обижают...» — и это эмоциональное неравновесие приводит чаще всего к нарушению мочеполовой системы.

Эта чакра настраивается на чистый оранжевый (без примеси красного) цвет и дает человеку уверенное состояние объединения со всем миром.

Чакра резонирует с эфирным полем человека и воздействует на соматику. Ведает вкусом и пищеварением, что определяет репрезентативные точки органов — язык и полость рта, подтверждая там самым пользу тщательного пережевывания.

3-я чакра — манипура (Манипурака, или Наби) — подчревный центр над пупом (область солнечного сплетения). Третья чакра, расположенная в области солнечного сплетения, является точкой распределения психической энергии в теле, своего рода насосом, накачивающим психическую энергию. Хотя она расположена несколько выше пупка, все же имеется в виду именно эта чакра, когда вы «созерцаете свой пупок». Третья чакра действует, устраняя желательный эффект от всей психической энергии в теле, и создает нарушение общего равновесия и дисгармонию в индивидууме. Когда вы напуганы, или нервничаете, или же когда у вас запор, вы ощущаете скованность в этом центре.

Эта чакра является точкой распределения психической энергии в теле, дает решимость, силу воли, индивидуальность. Ассоциируется с феноменом зрения, анусом и расширением, влияет на симпатическую нервную систему и эмоции. Она отвечает за усвоение энергии из пищи и за общение между людьми. Работа ее зависит от правильности питания. Здесь закладывается эмоция: Интерес — Обида. Вы обижены на кого-то, на весь мир, или вы переполнены интересными общениями, вам интересны люди. В зону влияния этой чакры входят: селезенка, желудок, печень, желчный пузырь, поджелудочная железа. На уровне ее дисбаланс энергий затрудняет вывод из организма отработанных материалов, и тогда нарушается работа перечисленных выше органов. Дисбаланс наступает здесь и тогда, когда вы начинаете отрицать настоящее время, теряете состояние открытости к настоящему.

Для таких людей в настоящем уже ничего не происходит, все в прошлом. Здесь собираются такие эмоции, как враждебность, ярость, они являются зарождением эмоций личной власти.

Настраивается чакра на чистый желтый цвет. И тогда вы в форме, вы готовы общаться, вам интересны люди, их заботы. Вы готовы прийти на помощь. Взаимодействует как основной распределитель энергии физического тела и через эфирное тело влияет на астральное (эмоциональное), тем самым определяется целостная реакция организма. Координирует зрение и движение, что объясняет расположение точек на радужной оболочке глаз и подошвах.

4-я чакра — анахата — сердечный центр — находится на уровне сердца и является чакрой любви, нежности, сострадания, доброжелательства, исполнительности. Это чакра единения, которая действует в истинной любви к себе (нечто совершенно иное, нежели нарциссизм), в любви к другому, любви к группе людей или в любви ко всем и вся. Многие виды восточной медитации фокусируются на открытии четвертой чакры.

Она отвечает за равновесие духовного и физического, за энергию любви и гармонии в нашей душе. Зона ее влияния охватывает кровь, а также кровеносную, эндокринную и иммунную системы.

Она связана с осязанием. С ней связаны проблемы души. Она отвечает за эмоции Уверенности, за состояние «Я», за состояние свободы и за Страх потери. Когда вы отрицаете желание своего сердца любить весь мир, людей, это приводит к блокировке этой чакры. Иногда нарушение связано с недостатком любви к себе. Надо уважать и любить себя, но не больше, чем других.

Этот центр настраивается на чистый зеленый цвет (малахит). Зеленая энергия способствует синтезу предшествующих и последующих энергоинформационных ступеней на чувственном сердечном уровне. Это энергия любви, сострадания и вселенской гармонии. Это так называемая Чаша, где собирается все лучшее от всех воплощений — средоточие излучений духа. Воспроизводит влияющие на подсознание образы, что способствует выработке привычек и, в конечном счете, характера. Точки диагностики этой чакры расположены на ладонях.

5-я чакра — вишудха (висхудха) — горловая — находится в области щитовидной и паращитовидной желез. Она реализует вход и выход сигналов в теле. Сфера ее влияния: бронхи, голосовые связки, щитовидная и паращитовидная железы. Если вы должны что-либо сказать и не говорите этого, ваша горловая чакра сжимается и начинается заболевание — ларингит или ангина. Если вы очень чувствительны, вы испытываете определенные ощущения в своей пятой чакре, когда кто-либо будет принуждать вас говорить.

Перерасход энергии этой чакры или недостаточная реализация ее ведет к нарушению работы в ней и тогда заболевают органы, с которыми она связана. От нее зависит словесное общение, правильный выход звуков и синхронизация с корой головного мозга, коммуникабельность, экспрессивность, творческий потенциал, вдохновение. Горловой центр можно назвать воплощением и материальной формой физического ума.

С 5-й чакрой связано «яснослышание», через нее вы воспринимаете свой внутренний голос. Он дает возможность видеть, слышать и ощущать неземную гармонию звуков, красок и форм. Центр синтеза, анализа и логики. Определяет внешнее полевое взаимодействие в целях адаптации. От адаптации до осознания себя в Боге. Занимает верхнее положение среди центров тела.

Групповая телепатия также связывается с пятой чакрой, как и яснослышание (ясное слышание), представляет собой психическое слышание голосов. Самое важное то, что эта чакра является центром, через который вы воспринимаете свой «внутренний голос», идущий от той части вас, которая представляет ваше истинное «я» и которая дает вам всегда правильные советы. Это можно объяснить и по-другому, а именно: пятая чакра — есть центр, через который ваш дух или душа (знающие всегда, в чем ваше благо) общаются с вашим умом или индивидуальностью (которые обычно нуждаются в небольшом совете). Чакра настраивается на голубой цвет. Закрытая или частично закрытая чакра является практически общим заболеванием и бедствием многих читающих и целителей.

6-я чакра – аджна (Айна, или Агни, Третий глаз, Глаз Брамы) – находится на уровне нервного центра между бровями. Его физический орган – шишковидная железа. Шестая чакра, расположенная в центре лба, является «третьим оком». Это чакра создания зрительных образов, позволяющая вам увидеть ауру (вашу собственную и других людей) и изображения, создаваемые вашим умом. Способность создавать зрительные образы называется «ясновидением» (ясным видением) и используется в большей или меньшей степени большинством читающих. С этой чакрой связывают интуицию, внутреннее зрение, интеллектуальные и психические способности человека, мечты, оригинальность, озарение, воображение, способность к визуализации и т. д. Она дает «ясновидение» – способность создавать зрительные образы.

Признаком закрытой шестой чакры часто является головная боль.

Еще одна функция этого центра заключается в том, что он позволяет вам знать, когда другие люди думают о вас, это знание является формой «ментальной телепатии». Когда кто-либо направляет на вас поток сильной энергии для того, чтобы узнать, о чем вы думаете, или же потому, что он сам думает о вас, он находится «у вас на уме». Вы можете воспринимать это состояние как тупую головную боль, чаще даже некое давление, а не боль, ощущаемую как раз над участком лба между бровями.

Многие мистические традиции рассматривают раскрытие третьего ока как величайшее событие, поскольку оно представляет духовное осознание и просветление.

Однако для того чтобы стать медиумом, вовсе не обязательно развивать этот центр.

Настраивается на глубокий синий цвет (индиго), который вносит в чувственное восприятие гармонии и красоты мира связующий стержень разума.

Определяет гармоничность нашего развития, а его раскрытие — это видение событий вне времени и пространства.

7-я чакра — сахасрара (сахашрадала, или центр Колокола) — верхний нервный центр в темени головы. Седьмая, или «Коронная», чакра расположена на макушке головы. Это чакра знания или чистой интуиции. Когда медиум впадает в транс, он через эту чакру впускает в тело космическую энергию и направляет ее через другие свои центры. Космическая энергия является, безусловно, энергией космоса. Она непосредственно связана с энергией Земли, известной как Земная энергия. Точное использование каждой из этих двух энергий и соединение их вместе не только наделяет целителя определенной психической стабильностью, но также способствует его становлению и превращает его в некий «ясный канал» во время чтения и исцеления. Когда седьмая чакра открыта и соответствующим образом развита, высочайшим даром человека является интуиция, доходящая до ясновидения. Именно посредством медитации на этой чакре мистики достигают состояний совершенного покоя и космического сознания. В таком совершенном состоянии не требуется никаких усилий, направленных на развитие психических дисциплин или использование психических способностей; просто заглянув вглубь себя, вы сможете получить нужную вам информацию, не задавая никаких вопросов и не встречая никаких затруднений.

Седьмая чакра также является чакрой, часто используемой медиумами — спиритами, когда они покидают свои тела и позволяют духам говорить через них. Транс, в который впадают медиумы, — явление очень сложное и может представлять опасность для неподготовленных. Вследствие сложной природы этого транса его нельзя изучить по книгам.

От этой чакры зависит стратегический ум, она интегрирует чувства, боль, приводит в гармонию нас с нашим Высшим, дает состояние Космической любви, Просветление, связь с космическим сознанием.

В ней сливаются дух и тело. Она настраивается на чистый фиолетовый цвет. Дает разуму четкость и ясность мышления, направляет воображение человека к глобальному видению общих и частных явлений и законов природы. Эта чакра руководит зрением и слухом не только физическим, но и духовным. Люди с раскрытым мозговым центром чаще всего вступают в контакт с обитателями Тонкого мира. На полевом уровне раскрытие этого центра характеризуется преобладанием выпуклости в месте ее локализации над головой. Вероятно, поэтому Будды изображаются с выпуклым теменем.

Развитие чакр зависит от кармы самого человека.

АСТРАЛЬНОЕ ТЕЛО

Более высокая энергия создает следующее тело, которое по величине больше, чем эфирное, оно повторяет очертания физического тела. Эфирное тело через механизм, заложенный в физическом теле, оказывает влияние на жизнь человека. Оно называется астральным телом, или телом эмоций. Свое влияние на жизнь тела астральное тело оказывает через нервную систему, солнечное сплетение и перикард (околосердечная сумка).

В астральном теле бессмертная сущность человека может пробыть после смерти от нескольких часов до нескольких столетий. Чем меньше страстей и стремлений к материальным благам человек испытывал на Земле, тем чище и духовнее он жил, чем менее себялюбива была его жизнь, тем скорее он сбросит с себя эту оболочку (последнюю), отделяющую его от области райского блаженства обители духа (Ментальный план, Девакан).

Та область пространства, в которой пребывает человек в оболочке желаний и страстей — астральное тело, т. е. куда направляется душевное тело человека, близка к Земле. Ее принято называть чистилищем, потому что в ней человек свою бессмертную сущность освобождает от пороков, страстей и вожделений, оставшихся непобежденными в земной жизни.

Если всю жизнь человек жил для других, если ему чуждо было себялюбие, корыстолюбие, стремление к эгоистическому пользованию материальными благами, если он еще при жизни поборол все земные страсти и животные вожделения, то его тело страстей и желаний развито слабо (точнее, оно имеет более тонкую структуру), и скоро после смерти, в течение немногих дней или даже часов, он выходит из него и уносится в высшие духовные сферы. Если же человек на Земле был порочен, эгоистичен, жил только для себя, потворствовал своим низшим наклонностям и посвятил себя приобретению всякими путями земных богатств, то его тело страстей и желаний сильно развито и грубо — в таком случае, ему понадобятся десятки и сотни лет, чтобы все эти пороки и страсти изгладились и чтобы его высшая сущность могла освободиться от них и подняться в высшие области.

Поэтому важно побеждать свои страсти еще при жизни, чтобы сократить время своего пребывания в чистилище. Из этой области, близкой к Земле, и являются те Духи, которых спириты вызывают на спиритических сеансах. На эти земные призывы откликаются только преимущественно те малоразвитые духи, которые еще полны страстей и желаний и которые, не имея уже сами тела для удовлетворения оных, стремятся осуществить свои вожделения, входя в тела медиумов.

Люди, погибшие на войне, от несчастного случая или вследствие преступления, а не умершие от болезни и старости, остаются в чистилище, погруженные в мирный сон, который продолжается до наступления срока, назначенного заранее для их естественной смерти.

Смерть сама себе не наказание, как и рождение не награда: она — естественное и нормальное явление.

Преждевременная смерть в большинстве случаев, за исключением войны и ее последствий, повальных болезней и массовых катастроф на суше, море и воздухе, является возмездием за поступки, совершенные в последней или же в предыдущих жизнях, ибо решительно каждое дурное деяние должно быть искуплено.

Участь самоубийц самая тяжкая: после смерти тела они снова приходят в сознание и долгое время переживают драму, приведшую их к отчаянию, а также ужас предсмертных часов. Они могут убить свое тело, но ведь страдало у них не тело, а дух, который убить невозможно, и их мучения продолжаются до тех пор, до того часа, который им был назначен свыше для их естественной смерти.

Участь преступников, казненных за убийство, еще более ужасна: до наступления часа, назначенного для их естественной смерти, они постоянно переживают в астральном мире все подробности совершенного ими зверского преступления, своего задержания, заключения в тюрьму, допроса, суда и казни. Они не знают покоя и мечутся, одержимые озлоблением и жаждой мести, чем очень вредят оставшимся на Земле живым людям, подталкивая слабовольных и нерешительных на путь преступления и принося после смерти (казни) больше вреда, чем они могли бы принести, если бы не были казнены. Это и есть один из важнейших доводов за отмену смертной казни: уничтожается только тело, высвобождая злой дух преступника, вредящий живым людям. Но для всех людей наступает день, когда преступления и порочные наклонности, вожделения, страсти и стремления к земным делам и интересам теряют свою остроту и отмирают отчасти от действия времени, отчасти от невозможности за неимением тела осуществить все эти темные стремления. Последняя смертная оболочка.

Состояние своего астрального тела человек чувствует перикардом. Именно перикард, а не сердце, имеет связь со всем происходящим вне тела. Сжимаясь, перикард сдавливает сердце и приводит к болям, удушью (на нервной почве). Эти удушья создает кишечник, одной из функций которого является переваривание информации. Страх, неверие в собственные силы приводит человека к невозможности решить ситуацию, принять и спокойно переварить информацию, получив необходимый опыт. Этот страх сжимает кишечник, он давит на спазмированное от переживаний солнечное сплетение, далее на диафрагму, потом на легкие и начинается удушье. Поэтому как физическое средство для облегчения можно сделать клизму. Многие «сердечные боли» проходят после клизмы или слабительного.

У некоторых людей, которых с детства убеждали в их неспособности самостоятельно решать ситуации, нервные переживания могут приводить к расстройству кишечника — так называемая «медвежья болезнь». Такая болезнь часто возникает перед экзаменами, серьезным ответом, когда надо собрать все накопленные знания.

Если один из родителей ребенка очень хорошо знает математику и держит свой авторитет на этом в семье, сколько бы он ни занимался со своими детьми, они никогда не будут знать лучше него. Родитель чувствует себя уверенно, скрывает за этим свой комплекс неполноценности в других областях общения, и эта информация передается вместе с обучением математике. Человек — как айсберг: одна десятая составляет его сознание и внешнюю манеру поведения, а 9/10 — это его подсознание и причинно-следственные связи. Именно они и передаются во время обучения. Мы часто сталкиваемся с «бестолковостью» или «ленью» того, кого пытаемся научить. Это не их бестолковость и лень — это наши 9/10. Именно поэтому обучение — это не процесс передачи знаний в какой-то определенный момент, а вся наша жизнь. Дети учатся тому, чем мы на самом деле владеем внутри себя, какими мы стали внутри, а не снаружи.

Вернувшись к теме ответа и экзаменов, «медвежьей болезни», теперь можем рассмотреть причину этого следствия. Навязанная неспособность знать лучше, чем обучающий, приводит к неспособности переварить информацию, и она «вылетает насквозь».

БАРОМЕТР ЭМОЦИОНАЛЬНОГО ПОВЕДЕНИЯ

Все астральное тело человека можно условно разделить на эмоции, которые влияют и владеют определенными кругами жизнедеятельности тела.

Каждый уровень эмоций можно разделить на несколько подуровней. Тогда получим следующий барометр поведения, объясняющий, как эмоции порождают следующую цепь эмоционального состояния, переходя при этом с уровня сознания на уровень подсознания и далее воздействуя на физическое тело. Каждая цифра соответствует такому уровню.

Представленный ниже Барометр эмоционального поведения тщательно переведен и адаптирован Ириной Чобану. Второй и четвертый столбцы содержат дополняющие словесные обозначения данного состояния.

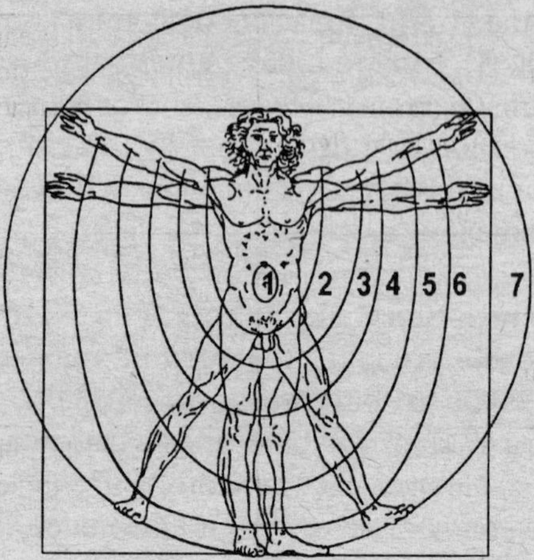

Эмоциональные круги человеческого бытия и локализация их в теле человека:

1 — Выбор/Отсутствие выбора; 2 — Интерес/Обида; 3 — Энтузиазм/Враждебность; 4 — Уверенность/Страх потери; 5 — Равенство/Горе и Вина; 6 — Настроенность/Безразличие; 7 — Объединение/Разобщение

БАРОМЕТР ЭМОЦИОНАЛЬНОГО ПОВЕДЕНИЯ

Сознание

Приятие/ Признание, Одобрение		Антагонизм	
1. Выбирающий	Решающий Желающий	1. Критикуемый	Атакуемый Разрушаемый
2. Доступный	Подходящий Достижимый Охотно идущий навстречу	2. Надоедливый	Суетливый Беспокойный Волнующийся Обеспокоенный
3. Оптимистичный		3. Озадаченный	Сомнительный Опрашиваемый
4. Приемлемый	Подходящий Приятный Желанный Угодный Выносимый Терпимый	4. Обремененный	Нагруженный

5. Адаптирующийся	Подходящий Пригодный Поддающийся переделке Легко приспосабливающийся	5. Раздосадованный	Раздраженный Недовольный Надоедливый
6. Достойный	Стоящий	6. Негодующий	Возмущенный
7. Заслуживающий	Достойный	7. Противопоставляющий	Противящийся
8. Открытый	Свободный Непредубежденный Откровенный Искренний	8. Неспособный	Неадекватный Некомпетентный
Желание		**Гнев/Ярость**	
1. Восприимчивый	Готовый, Согласный, Старательный	1. Яростный	Сердитый Гневный Ожесточенный Взбешенный
2. Адекватный	Достаточный Соответствующий Компетентный	2. Взбешенный	Разъяренный Неистовый
3. Подготовленный	Готовый	3. Возбужденный	Переутомленный Нервный Загруженный
4. Ответственный	Соответствующий Отвечающий	4. Кипящий	Дымящийся Рассерженный Разозленный
5. Воодушевленный	Ободряющий Обнадеживающий Поощряющий	5. Бурлящий	Охваченный гневом
6. Окрыленный	Освеженный Оживленный	6. Огненный	Пламенный Горячий Воспаленный Вспыльчивый

7. Взбодренный	Оздоровленный Укрепленный Воодушевленный Вдохновленный	7. Воинственный	Воюющий Агрессивный
8. Сознающий	Дающий себе отчет Осведомленный Знающий Сознательный Подготовленный Чуткий Отзывчивый	8. Истеричный	Очень смешной
Интерес		**Обида/Негодование**	
1. Обворожительный	Очаровательный Восхищенный Увлеченный	1. Обиженный	Пострадавший Оскорбленный Поврежденный Порченный Задетый Ущербный
2. Настроенный		2. Беспокойный	Смущенный Стесненный Запутанный Затрудненный Растерянный
3. Необходимый	Нужный	3. Раненый	
4. Приветствуемый	Желанный Радушно принимаемый	4. Обесчещенный	Подержанный Использованный Поруганный Поставленный в тупик Насилуемый
5. Понимающий		5. Неоцененный	
6. Высокоценимый	Оцененный	6. Отвергнутый	Отклоненный Забракованный

7. Необходимый	Совершенный Существенно важный	7. Немой	Онемевший Бессловесный Молчаливый Безмолвный Беззвучный Глупый Бессмысленный
8. Заботливый	Любящий	8. Оскорбленный	Согрешивший Обиженный Виноватый Совершивший проступок

Подсознание

Энтузиазм		Враждебность	
1. Развлекающийся	Веселящийся Довольный Изумленный Радостный	1. Пойманный в капкан	
2. Ликующий	Торжественный	2. Обобранный	Докучаемый Дразнимый Раздраженный
3. Восхитительный	Замечательный Превосходный	3. Обманутый	Обиженный Третируемый Затюканный
4. Привлекательный	Притягательный	4. Разочарованный	Несостоявшийся Расстроенный Не верящий в свои силы
5. Наслаждающийся	Восхищенный Очарованный Довольный Радостный Счастливый Восторженный	5. Обделенный	Бедный, живущий в нищете
6. Возбужденный	Оживленный Деятельный	6. Саркастический	

7. Живой	Бодрый Действующий Живо воспринимающий Остро чувствующий Чуткий	7. Мстительный	
8. Доверяющий		8. Скрытый	Утаивающий
Уверенность		**Страх потери**	
1. Стимулированный	Мотивированный Побужденный	1. Униженный	Ослабленный Покинутый в беде Обескураженный
2. Смелый	Отважный Дерзкий	2. Неуслышанный	
3. Защищенный	Предохраненный	3. Ожесточенный	Злой
4. Самоуверенный	Дерзкий Наглый	4. Огорченный	Разочарованный Обманутый Провалившийся
5. Храбрый	Смелый	5. Угрожаемый	
6. Обдуманный	Уважаемый	6. Незамеченный	Недооцененный
7. Любящий	Нежный Ласковый	7. Испуганный	
8. Гордый	Самодовольный Величавый Благородный	8. Неприветствуемый	Нежеланный
Равенство/Равноправие, Тождественность		**Горе, Печаль, Вина, Преступление**	
1. Удачливый	Счастливый Приносящий счастье	1. Преданый (кем-то)	Подведенный Обманутый Соблазненный
2. Взаимодействующий	Совместный Сотрудничающий	2. Побежденный	Завоеванный Покоренный

3. Вовле- ченный	Углубленный Увлеченный	3. Разо- чарован- ный	Унылый Обескуражен- ный Отговоренный Противодей- ствующий
4. Целе- устрем- ленный	Целенапра- вленный Важный Содержа- тельный	4. Непри- ятный	Неприемлемый Невыносимый
5. Надеж- ный		5. Нака- зывающий себя	
6. Озабо- ченный	Заинтересо- ванный Думающий	6. Нака- зывающий себя	
7. Искрен- ний		7. Пора- женный	Потерпевший крушение Бесплодный
8. Продук- тивный	Производи- тельный Плодотворный благоприятный	8. Разру- шенный	Погубленный
Созвучие /Настроенность		**Безразличие/Равнодушие**	
1. Настро- енный		1. Песси- мистич- ный	
2. Совпа- дающий	Соответст- вующий Гармони- рующий	2. Несоб- ранный	Неподвижный Скованный Непреклонный
3. Сбалан- сирован- ный	Уравнове- шенный	3. Инерт- ный	Жесткий Суровый
4. Твор- ческий	Созидательный	4. Оне- мевший	Оцепеневший Окоченевший
5. Воспри- нимающий	Проница- тельный	5. Сопро- тивляю- щийся	Косный Инертный Вялый

6. Оценивающий	Правильно понимающий ценность Хорошо разбирающийся в чем-либо	6. Бесчувственный	
7. Чуткий	Нежный	7. Разрушительный	Уничтожающий Вредный Пагубный
8. Мягкий	Добрый Кроткий Спокойный Послушный Смирный Благородный Великодушный	8. Отдельный	Изолированный Сбивчивый Бессвязный Разъединенный
Единство/Единомыслие/		**Разобщенность/Разъединение/**	
1. Спокойный	Тихий	1. Ненужный	Заброшенный Брошенный
2. В безопасности	Защищенный	2. Нелюдимый	Ненужный
3. Невозмутимый	Умиротворенный	3. Непринимаемый	Неприемлемый Неприятный Невыносимый
4. Мирный	Миролюбивый	4. Нелюбящий	Без любви Не способный любить Непривлекательный Нелюбимый
5. Объединенный	Единый	5. Неважный	Незначительный
6. Осуществленный	Цельный Завершенный	6. Меланхоличный	Апатичный Унылый Подавленный Грустный Печальный

Освоение астрального тела, тела эмоций и желаний, является одной из задач человечества на современном пути развития.

Некоторые эмоции описываются несколькими словами. Испытываемые на разных уровнях, они преобразовываются и связываются в представлении людей с определенными ощущениями себя в этом мире. Слова, используемые при этом людьми, могут быть различными, что является следствием «стимулов», которые род, семья взяли как основную базу своего существования. Каждый человек привык описывать свое эмоциональное состояние словами, которые в его окружении наиболее часто применяются. Поэтому нередко люди, выросшие в разных социальных условиях и разных частях страны, используют различное словесное обозначение той или иной эмоции. Чтобы избежать непонятной терминологии, часть эмоций обозначена разными словами. Для характеристики эмоций и их преобразований воспользуемся замечательными разработками, составленными Дэниелем Уайтсайдом и Гордоном Стоуксом (основатели концепции «Три в одном»). В своей работе «Барометр эмоционального поведения» они пишут:

> «Каждый из нас имеет рабочее определение любого эмоционального нагруженного слова, позитивного или негативного. Эти рабочие определения зависят от нашего индивидуального опыта жизни, а не от того, как эти слова определяются в словарях. Реально большинство людей очень мало знают о значении слов, выражающих эмоциональное состояние. Поэтому большинство слов Барометра относятся к поведенческим реакциям в эмоциональных ситуациях, а не к эмоциям самим по себе. К тому же большинство из слов Барометра не являются часто употребляемыми.
>
> Печально, но факт: мы осваиваем родной язык больше по тону голоса и движениям тела, жестам, чем изучая реальные определения слов. Более того: мы зависим также от безграмотности наших родителей. По этой причине люди, изучающие второй язык, могут делать это более ответственно, чем при овладении своим родным языком».

Система «Единый мозг», созданная этими удивительными людьми, позволяет рассеивать негативный эмоциональный заряд и преобразовывать негативное эмоциональное состояние в позитивное.

> «Чувства, порожденные антагонизмом, могут вести к выбору приятия. Конечно, каждый антагонист хочет приятия, иначе зачем ему бороться? Люди, "перемкнутые" враждебностью, отдадут все, чтобы снова почувствовать истинный энтузиазм. Человек, страдающий от смерти при жизни в состоянии безразличия, мечтает о свободе, которую даст настроенность.
>
> Единственной причиной нашего пребывания в гневе является то, что мы не стремимся найти взаимовыгодные соглашения. Когда гнев становится невыносимым, единственной альтернативой является стремление к позитивному изменению в выражении эмоций. Гнев использует ту же энергию, что и энтузиазм. Когда вы страдаете от страха потерь, вы пересматриваете и стимулируете ваше чувство уверенности. И когда разобщенность становится невыносимой, вы покидаете (или изменяете) ситуацию и начинаете двигаться в сторону единства, которого вы отчаянно желали все это время.
>
> Для начала нужно отметить, что при первом знакомстве с Барометром люди почти всегда сосредотачиваются на его эмоциональных состояниях. Это не удивительно! Большинство людей настолько затоплены в отрицательных эмоциях, что даже не могут узнать желаемое состояние сознания, когда вступают в него!»

Каждая эмоция является неразрывным звеном в цепи меняющегося эмоционального состояния. Одна эмоция перерастает в другую. От эмоций на уровне сознания человек переходит к эмоциям подсознания, а затем тела. Дошедшие до тела эмоции порождают физическое нездоровье. Таким образом, мы здесь можем говорить о том, что причинами физического нездоровья в основном являются наши негативные эмоции, которые мы испытываем. Из-за неспособности и незнания, как справляться с теми или иными эмоциями, человек пытается их «давить» в себе, вместо того чтобы преобразовывать в положительные (противоположные). Для того чтобы осознать эти пары противоположностей, и дана таблица, приведенная выше.

КАК РАБОТАТЬ С ТРЕВОЖНЫМИ ЭМОЦИЯМИ?

Есть три уровня работы с эмоциями. Фактически — это как работа с диким зверем.

Первый — это уровень избегания, когда мы не подкармливаем их, чтобы они ослабли. Тогда вы сможете управлять ими.

Далее, когда возникают чувства и ситуации, при которых вы думаете, что можете проиграть, вы просто идете прогуляться. Вы не даете себя вовлечь. Это не трудность. Это реалистическое поведение в данной ситуации. Постепенно вы начинаете понимать, что если 5 минут назад не было какого-то чувства или ситуации, то через некоторое время они снова уйдут, и поэтому вы не даете им захватить вас. Вы видите, как оно появляется, меняется, а затем снова пропадает, как волна в океане. В конце концов, вы можете использовать это. Вы позволяете чувству быть как вору в пустом доме, где нечего взять. Вы не отдаете ему ни капли энергии. А затем, в определенный момент, ловите. Рассмотрев, вы видите: «Это ревность, гнев, гордость». Каждый раз, когда у вас возникает чувство, которое вам не нравится, вы можете использовать его энергию для чего-либо сознательного, вместо того чтобы реагировать на него и быть пойманным. В результате вы научитесь понимать, что только наш взгляд на данные эмоции превращает их в трудности. Если научиться избегать привязывания к чувствам и отождествления с ними, то они постепенно перестают нас беспокоить и проявляются в совершенно ином свете. Мы увидим, что гнев, если он нас не захватил, становится подобным зеркальной мудрости, ясно показывая вещи такими, какие они есть, просто отражая без добавления или изъятия чего-либо.

То же — с гордостью. Наблюдая ее, мы распознаем обстоятельства, приходящие вместе, меняющиеся и снова исчезающие. В действительности гордиться нечем. То, что может показаться совершенным сегодня, завтра уже не будет переживаться так. То, что для одного может казаться громадным успехом, для другого ничего не значит. Кроме того, непредвиденные обстоятельства, а также старость, болезнь и смерть могут сделать так, что все подобные источники гордости исчезнут в один миг.

Что касается ревности, то это лучшее чувство из тех, которые можно анализировать в лаборатории нашего ума. Это чувство ощутимое, зеленое и скользкое. Оно может иметь одинаковую интенсивность в течение длительного времени, так что вы действительно можете работать с ним. Вы можете наблюдать, как оно двигается в вашем уме и пытается окрасить ваши слова и действия, постоянно ставя вас в затруднительное положение. Держась на расстоянии, вы можете найти действительную мудрость в том, что увидите взаимосвязь вещей. Вы можете затем проследовать по длинным цепям причины и следствия, некоторым очень тонким, и может статься так, что вместо привычной боли и противодействия вы будете чувствовать великодушие и сочувственную радость.

Если вы недостаточно уверены в себе — избегайте плохих эмоций. Если вы посильнее, то смотрите на них как на сон, как на кино, безо всякой врожденной природы. А если вы очень сильны, то используйте их, чтобы выяснить, как реально работает ваш ум.

МЕНТАЛЬНОЕ ТЕЛО (МЕНТАЛ)

В настоящее время большинство людей начали осваивать нижний уровень ментального тела. Обучение, изучение наук, чтение книг дает лишь набор знаний и мыслей на этот уровень, но не развивает глубинное осознание. Остальные шесть подуровней ментального тела осваиваются лишь благодаря истинным духовным практикам и позволяют получать более полную информацию о жизни на Земле.

Исходя из этого, вы можете видеть, что кармическое тело находится на очень высоком уровне энергии, и пути воздействия на него не могут идти через нижние тела, которые контролируются сознанием человека. Поэтому выяснить пути действия кармы в вашей жизни простыми, примитивными методами исчисления или гадания не представляется возможным. И тем более вычислить по времени своего рождения, сколько вы прожили жизней, невозможно, так как реализация кармических путей не связана с временным фактором. Время существует только на уровне, включающем нижний ментал.

Каждый человек двигается в пространстве, как будто заключенный в клетку, которую он сам себе построил: он окружен миром привычных ему мыслей, на все он смотрит сквозь эту, созданную им, среду и поэтому, естественно, мир кажется ему окрашенным в тот цвет, который преобладает в его мыслях: оптимист видит все в розовом цвете, пессимист все окружающее представляет в мрачных тонах.

До тех пор, пока человек не научится строго контролировать свои мысли и чувства, он никогда не увидит вещи такими, какими они существуют в действительности, а всегда будет видеть их сквозь собственную среду, наподобие плохого зеркала, искажающего и обесцвечивающего все.

Так называемое мрачное настроение не есть нечто роковое, неотразимое: оно продукт его мысли, результат того, как он мыслит. Человеку, желающему исправить, перестроить весь свой характер, недостаточно только контролировать свои мысли, ему надо ежедневно, хотя

3 Зак. № 611

бы в течение 5 минут, забывать все окружающее и сосредоточенно думать о качестве, противоположном недостатку, от которого он хочет избавиться.

Характер человека строится по линиям его мысли. Работая над собой, над своим совершенствованием, человек работает и для вечности, он закладывает фундамент для всего развития сверхчеловечества.

Когда человек идет по улице или находится в общественном месте, он прокладывает себе дорогу сквозь толстую стену чужих мыслей. Если его ум занят собственными мыслями, он не замечает чужих мыслей, не воспринимает их и не отвечает на их вибрацию. Но если его ум не поглощен собственными мыслями, обрывки чужих мыслей, зачастую обыденных, сереньких и пошлых, проникают в него и засоряют бесполезными, а иногда и вредными влияниями. Если вы находитесь на улице или в толпе, то лучше всего погружать свой ум в красивые мысли или занимать его повторением красивых стихов или изречений.

Где бы он ни был, человек наполняет пространство вокруг себя своими мыслями. Куда бы он ни ехал, ни шел, его мысли стелятся за ним длинным хвостом: все эти мысли — посев, который не пропадает даром, он воспринимается им самим и другими людьми, и если они были светлые, добрые, то они плодят радость и благословение, а если они были мрачными и злобными, то плодят печаль и злобу.

Люди, благодаря своему эгоизму, неведению и нерадению, создали такие условия жизни на Земле, которые ложатся тяжелым непосильным бременем на громадные массы населения. Эти условия вызывают у сотен миллионов людей мысли зависти, озлобления, отчаяния. Они несутся из среды смятенного человечества в астральный мир и отзываются всевозможными бедствиями на Земле. Мысли чрезмерного властолюбия, зависти и злобы в умах властителя народов распространяются среди народов и, заражая умы его, вызывают вихри страстей, поднимающих лютые войны, разорения, кровавые бойни.

Первопричина лежит в кровавых и преступных мыслях. Единственное средство для предотвращения роковых и печальных последствий дурного мышления — это ввести сознательную культуру в области мысли. Внешняя культура — это, пожалуй, задача общества и государства, культура же внутренняя, нравственный контроль и очищение мыслей — это задача каждого из нас.

Человек без культуры мысли, без внутренней правды — дикарь, несмотря на культуру формы, на внешнюю цивилизацию. Народ без культуры мысли — варварский народ.

Все люди на земном шаре соединены между собой тысячами невидимых нитей мысли, которые безостановочно проносятся во всех направлениях и приносят им пользу или вред.

Мысль любви, посланная другу, защищает его от опасности. Такие мысли могут быть посылаемы не только живым, но и умершим людям, причем последние воспринимают их быстрее и легче.

Если одна и та же мысль появляется одновременно у нескольких лиц, она приобретает большую силу. Древние маги, собираясь в несчетном количестве и составляя магическую цепь, направляли одну и ту же мысль на поставленную цель и достигали таким путем поразительных результатов. Мысли, полные критики, осуждений, а порой и клеветы заражают чужие умы подозрительностью, жаждой возмездия и затаенной злобы. Ясно и сильно поставленная злая мысль может не только ранить, но и убить человека. Кроме того, обычно силой наших мыслей мы оказываем влияние на мышление людей; особенно интенсивными мыслями мы можем влиять на их волю и таким образом заставлять их служить нашим намерениям.

Это будет уже не простая автоматическая передача мыслей, а внушение. Такое внушение ни в коем случае недопустимо, потому что оно нарушает святое, неотъемлемое право каждого человека иметь свободную волю и поступать по собственному выбору.

Оберегайте силу своего мозга, не допускайте в своем уме бесконечное количество ненужных мыслей. Современный человек постоянно поглощен, удручен всевозможными тревогами, занят всякими мелкими житейскими дрязгами. Все эти неустанные тревоги ничуть не меняют течение его жизни, следовательно, они лишние. Но, кроме того, они еще и вредны, потому что не только бесполезно треплют мозг того, кто допускает их в себя, но еще и влияют на окружающих, передавая им его постоянное возбуждение. Ни бесконечные, бесполезные споры, которые так любит большинство современников, ни мелкие заботы и ненужные мысли истинный мудрец в свои мысли не допускает: он отличается безмятежным спокойствием, всегда ровным настроением и полной властью над своими мыслями. Дурные мысли и чувства, направленные на человека, в котором нет зла, не произведут на него никакого впечатления, так как не дойдут до него. От праведного человека они отскакивают и обрушиваются на того, кто их послал.

Сила мысли бесконечна, и она лежит в основе магии. Внушая себе ошибочное понятие, что главная сущность человека — это его тело, люди стали, естественно, бояться смерти, они стали считать ее самым лютым врагом, своим кошмаром, самым ужасным из всех ужасов, похитителем жизни и всех, сопряженных с телесной жизнью, земных благ.

Для людей, считающих, что их тело является единственной и главной сущностью, а дух, если он вообще существует, — только одна из его функций, смерть, конечно, ужасна, потому что она отнимает у него всё, не оставляя ему ничего. Для тех же людей, которые постигли, что человек тем и отличается от животного, что в нем главную суть представляет дух, а его тело есть только проводник, инструмент, только одежда духа — им потеря их одежды или телесной оболочки не страшна. Тело будет съедено червями, погибнет навсегда, никогда не сможет воскреснуть в своем первоначальном виде, а дух — эта частица бессмертного духа Бога, главная и единственная сущность человека, — освободившись от земной одежды, устремится на свою родину, когда настанет время, вернется на Землю и воплотится в новом теле, которым он воспользуется для приобретения новых духовных качеств.

Ментальное тело, или тело мыслей, формируется благодаря получаемой и осваиваемой информации (нижний уровень) и нисхождению и объединению с полем, входящим через Аджну и Сахасрару чакры. Чистота энергий этих чакр дает возможность выходить и настраиваться на информационное поле Земли. Эти центры раскрываются самыми последними, и до сих пор только у редких представителей человечества они частично раскрыты и чисты. Чистота их создается углубленной работой над собой, своими проблемами, и нарабатывается медитациями. Достигшие чистоты этих уровней познают блаженство Шамадхи (йогический экстаз, точнее, концентрация мысли, доведенной до полной концентрации и объединения с объектом).

Чтобы достичь этого состояния, необходимо научиться очищать себя от роящихся мыслей. Состояние без мыслей дает возможность с нижних слоев ментала перейти на верхние. Так как, живя среди людей, занимаясь повседневной жизнедеятельностью, мы вынуждены иметь дело с нижними слоями ментала, необходимо научиться очищаться и повышать уровень ментального тела.

Все житейские разговоры, навязанные знания, информация, полученная из просмотра телевизора, работы с компьютером, радиосети, постоянно затемняют ваше ментальное тело. В таком состоянии получить четкую и ясную истинную информацию нереально. Все так называемые видящие, предсказатели, гадалки без полной очистки и нейтрализации нижних слоев астрала передают информацию только нижних слоев. Так как тело причин, или кармическое тело, находится еще выше постоянно используемого уровня энергий, чем ментальное, то получить информацию от него могут немногие. Проходя через нижние слои, информационная энергия высших уровней обрастает проблемами нижних слоев. Это все равно что пытаться отделить каплю чистого сока от супа, в который ее капнули. Все проблемы нижнего астрала, наполненного различной информацией, являются причиной засорения астрального тела. Информация же, если ее только так можно назвать, поскольку она не облечена в слова и не растянута во временном пространстве, оказывает восстанавливающее, созидающее действие на все уровни человека, поскольку направлена на развитие души, понимание и объединение с высшими слоями мироздания.

В то время как болезни находятся на низшей ступени шкалы вибраций (физическое тело), высший ментал, пронизывая тело, оказывает прожигающее действие на них. Именно поэтому сильная молитва, поднимающая душу, оказывает такое мощное лечебное воздействие. Молитва, направленная на объединение с Богом, но не на то, где просят что-то себе для земной благоустроенной жизни.

Теряя со смертью свое тело, человек сохраняет в потустороннем мире все свои мысли, наклонности и страсти. Но с потерей тела он потерял возможность удовлетворять их. Ввиду невозможности осуществиться они мучают, жгут и грызут его, ненасытные и неудовлетворенные.

Для человека порочного и злого невозможность в загробном мире осуществить свои пороки и злые мысли и является настоящим адом.

В потустороннем мире нет и не может быть ни награды, ни наказания, налагаемых извне. Там человек получает лишь то, что он уготовил себе своей жизнью на Земле. От испытываемого стремления, а также от всеисцеляющего времени пороки и страсти постепенно ослабевают, забываются, умирают, а человек освобождается от них и очищается.

Жизнь человека не есть нечто оторванное и законченное, она представляет собой результат всех прежних его жизней и вместе с тем семя будущих. Она не складывается случайно и слепо, а создается нами же каждую минуту, нашей мыслью, каждым нашим поступком. Человек — господин своей судьбы. Врожденные свойства, качества, способности — только результат умственной работы человека в прошлых его жизнях на Земле.

Наши мысли строят наш характер. Наши желания определяют то, чем мы будем окружены в следующей жизни. Наши поступки устанавливают точный размер нашего счастья.

По мере сознательного развития воли человек может вводить (овладевать руководством) новые данные в свою слепую судьбу и может изменить ее. Познав истину и развив волю до высшей степени, человек совершенно освобождается от тисков предопределения.

Познав же истину, человек должен и будет помогать всем и не думать о себе.

Пока человек находится в зависимости от желаний, он не освобожден, он находится в работе у материи. Когда пробуждающая к действию сила начинает исходить из самого человека, из его просветленного разума, она становится волей.

Дух, приобретший уже запас опыта и знаний за время своих предыдущих земных существований, опускается на Землю и воплощается в ребенке еще во чреве матери, причем выбор семьи делается не случайно, а по строго намеченному плану.

Почему мы не помним нашу прежнюю жизнь? Когда человек достаточно развивается, чтобы сосредоточить свое сознание в ментальном или духовном мире, а не только в физическом мозгу, он задумывается об этом.

Какова же наша роль в жизни? Мы можем сделать очень многое для ускорения достижения нами конечной цели света и славы. Каждый из нас может и должен сделаться маленьким центром, изучающим любовь и радость и, наподобие маленького солнца, светить всем, приходящим с ним в соприкосновение. Мы должны стараться распространять знание истины своими мыслями, словами, действиями. Мы должны среди суматохи повседневной жизни оставаться спокойными, безмятежными и непоколебимыми. Мы должны среди всех житейских забот и печалей сохранить перед своим духовным взором высший идеал и никогда не допускать, чтобы порыв гнева или эгоистических мыслей мог увлечь его с твердыни, на которой он стоит.

Надо стараться двигаться вперед и помогать миру продвигаться, выкладывая эти истины перед людьми и этим приближая время, когда все люди будут понимать друг друга, потому что они не учатся понимать мощную систему, частью которой они являются. Эгоизм и торжество сильного — это закон зверской эволюции. Закон эволюции — самоотречение и самопожертвование.

Не существует ни добра, ни зла, а есть только элементы силы, помогающие эволюции или пытающиеся помешать ей, задержать ее. Все препятствия сокрушаются могучим потоком, и ни человек, ни семья, ни общество, ни нации или расы, пытающиеся идти против общего течения, не останутся, они будут сметены без следа. Положительные, творческие силы восторжествуют над силами темными, отрицательными, разрушительными: над тьмой восторжествует свет, а над злом — добро как незыблемый закон эволюции.

Глава 3

Влияние кармы планеты и кармы человечества на личную карму

Влияние культуры

Мы опускаемся в бездну житейских проблем, связанных с постоянной борьбой за существование, на которую мы обречены своей кармой. Кармические долги обусловливают специфику индивидуальных судеб. Человек рождается в обстановке, причинно обусловленной тем, что он сам (как душа в теле) создал помыслами и поступками своей прошлой жизни.

Ни один благой или злой поступок, как бы тайно он ни был совершен, не минует точно уравновешенных весов кармы...

Как родовое существо, человек ограничен своей национальной и социальной культурой, открывающей ему символическое описание его психодрамы посредством архетипов коллективного бессознательного своей расы, которые позволяют ему истолковывать факты своей личной жизни и адекватно взаимодействовать с себе подобными.

Разъясню эту мысль. Каждая культура, имея за собой определенный духовно-исторический слой, наработала определенные ценности. Эти ценности стали символами. Связанные с представлениями о добре и зле и правильном пути развития, эти символы ведут нас по жизни. Такими символами может стать объект, манера поведения, внешний вид, идеальная жизнь и так далее. Так, символами счастливой жизни до революции были: изобильный дом, сохранение чистоты своего имени и слова, интеллигентный вид и так далее. Революция прежде всего стала уничтожать сложившиеся символы и подменять их своими. Уютный дом был объявлен мещанством. Интеллигентный вид и манера поведения всячески высмеивались и преследовались. Идеалы жизни были полностью отвергнуты. Только по прошествии нескольких десятков лет мы пытаемся вернуть эти символы.

В последнее время на территории России основные символы были связаны с образом «строителя коммунизма». Красные знамена, пионерские галстуки, «хрущевки» (как символ совместного проживания – коммуны) – уходят в прошлое. Цвет и форма одежды претерпевают ломку и изменения.

Массовое увлечение «мыльными» сериалами связано как раз с таким явлением. Давно утерянные символы построения семьи и своего дома привели многих к поискам подобных символов у других народов. Перенос подобия интерьера, увиденного в сериале, где уже много серий живут основные герои, закрепляет для человека состояние постоянного дома своей семьи и богатой жизни в нем. Увлечение древним восточным методом гармонизации жизненного пространства, Фэн Шуй, тоже связано с поисками новых символов постоянного жилища. Многие десятилетия люди жили в государственных квартирах без права наследства на них. Не закрепленные за семьями участки земли, на которых жили люди, давали только обострение негативной кармы, ведущей к разрушению семейных устоев и традиций. Все живые существа имеют свой дом. Птицы возвращаются к местам своего рождения и находят оставленные гнезда. Возвращение к местам проживания своего рода, внесение в свой дом даже малой доли интерьера от своих предков дает возможность получить положительную карму, наработанную этими предками.

Именно эти наработки дают человеку ощущение стабильности и уверенности. Потеря своих корней приносит нестабильность и малую энергию для реализации. Переселение в далекие города и изменение привычного окружения порой создают надрыв в человеке на всю жизнь. Многоэтажные городские дома приносят только отчужденность и понижение самооценки. Человек из «царя природы» становится маленьким муравьем в огромном муравейнике. Именно поэтому многие люди перед крупным начинанием и изменением своей жизни приезжают к месту своего рождения и проживания своего рода.

Отрицание сложившегося символа, а не медленная трансформация, вызывает остановку в развитии целого народа и порой вызывает депрессивные состояния у отдельных его представителей. Чем уже и целенаправленней были отбрасываемые символы, тем серьезнее переживается их потеря. Более восьмидесяти лет символы, преобладающие на территории нашей страны, были связаны с построением нового общества и отказом себе в радости жизни ради него. Однотипные дома и квартиры, однотипная одежда и интерьер полностью обезличили людей. Эта усредненность привела к потере неординарных способностей и талантов, заложенных в родовой карме. Современная «остановка», характеризующаяся массовыми депрессивными состояниями, видимой интеллектуальной деградацией, такими заболеваниями, как рак, алкоголизм, наркомания — есть свидетельство резко разрушающихся символов. Реклама многих товаров, которая услужливо предлагает серии мелких символов, связанных с получением временного удовольствия, подменяет и запутывает поиски устойчивой позиции в жизни.

Потеря сложившегося символа приводит к переоценке ценностей, в результате чего общество нарабатывает новый символ, который проживет определенное время.

Символ может быть создан как целым народом, так и отдельной семьей, родом или другой общностью людей, ограниченной определенной этической, исторической, этнической или другой границей.

Разрушение ограничений, навязываемых обычаями и представлениями данной местности, позволит человечеству освободиться от многих символов, связанных с традиционными представлениями своей национальной и социальной культуры, и даст выход на новое понимание, что, в свою очередь, даст возможность освободиться от узлов национальной кармы.

Символ — это образ, вызванный из подсознания посредством ассоциативного «припоминания» давно пережитого и привязанный как к манере взаимоотношений с окружающим миром, так и к определенному образу. В большинстве случаев человек обращается к этому символизму бессознательно, приспосабливаясь к жизненным обстоятельствам. При этом его поведение обусловлено генетической предысторией своей семьи, нации, расы.

Символ позволяет человеку в кодах своего личного, бессознательного определить, «кто есть кто» в его окружении.

Как сказал Ламартин:

> «Человечество подобно ткачу, работающему на станке времени с изнанки. Придет день, когда, взирая на другую сторону ткани, оно узрит дивную величественную картину, вытканную на протяжении веков его собственными руками. Причем само оно не видело ранее ничего, кроме путаницы нитей на изнанке тканей…»

Толчок, побуждающий нас к внутренней работе над самими собой, возникает только тогда, когда человек осознает несостоятельность своих представлений о самом себе...

Каждое человеческое существо рождается с одинаковым правом к развитию. Однако все люди различаются между собой по степени потенциально заложенных возможностей внутреннего роста и пробуждения.

Судьбоносные события, замкнутые циклы которых мы переживаем нашим земным сознанием, были порождены нашими же поступками в прошлом, управляющими программами которых явились культуры, которые мы представляем в историческом времени.

В 1976 году вышла книга «Эгоистический ген» Докинза, в которой автор пишет:

> «Я думаю, что на нашей родной планете недавно появился новый инструмент воспроизведения наследственной информации. Появился и буквально крутится у нас перед глазами. Он все еще молод, все еще неуклюже барахтается в своем первичном бульоне, но вместе с тем он приближается к эволюционному изменению со скоростью, о которой наша старушка ДНК не может и мечтать. Этот новый бульон — человеческая культура. Нам нужно подобрать имя этому новому инструменту воспроизведения…»

Психокинетический потенциал является собственностью скорее энергетических полей, а не генов или головного мозга, но для проявления психокинетического потенциала явно необходимо содействие на мозговом или генетическом уровне. Нашу судьбу предрешит определенный, заранее запрограммированный генетический фактор, созданный в результате объединения индивидуальных полей отдельных людей под руководством «высшего разума». Весь процесс эволюции как на известных нам уровнях, так и на уровнях, не доступных нашему нынешнему восприятию, срежиссирован полями сознания, которые нам еще предстоит определить и понять.

Карма проистекает из представлений человека и творится его помыслами, поскольку именно помыслы придают поступкам человека моральный смысл.

Как свое совершенствование, так и свое падение души люди осуществляют характером своих стремлений...

Именно стремления человека направляют руку кармы туда, куда влекут вытесненные в его подсознание нереализованные желания, обусловливающие после многих веков ожидания переживания тех же самых жизненных ситуаций. Интервал реинкарнации людей обусловлен отрезком исторического времени, по истечении которого на Земле вновь сложатся условия, необходимые для продолжения эволюции множества взаимообусловливающих друг друга психотипов, что связано с циклом повторения известных исторических событий. Все эти последовательные смены форм, представляющие собой конкретные ступени земного сознания, ведут к полному развитию всех возможностей, заложенных в человеческом организме, проявляющихся в служении Истине, созидаемой в себе. Творить же добро с целью получения какой-либо личной выгоды — есть чистый самообман и фарисейство, кармически обусловливающее обстоятельства непреодолимой силы, ставящие нас в аналогичные условия.

КАРМА ПЛАНЕТЫ

Исследования, проведенные группой И. Яницкого (сотрудник Института минераловедения АН СССР (журнал «Фонтан» № 40, авг. 1994 г.), подтвердили, что Земля является живым, разумным существом, поведение и чувства которого влияют на все виды обитателей ее поверхности. С другой стороны, и она испытывает на себе влияние того, что происходит между живыми существами, для которых жизнь на теле Земли является школой космического роста и совершенствования.

Как и у каждой планеты, у Земли есть своя кармическая задача, способствующая ее развитию и процветанию. Эта задача — обучение Гармонии и Равновесию, или Музыке и Целительству. Современный мир, где правит хаос и дисгармония, мешает Земле. Целительную гармонию музыки сменили совсем иные звуки. Все дальше уходя от гармонии, поисков духовного и душевного единства, человечество само создает предпосылки для нарастания негативной кармы Земли.

Когда мы страдаем от вирусной инфекции, наше тело нагревается, поднимается температура. Это естественная реакция нашей иммунной системы, направленная на борьбу с инфекцией. Земля начала свою программу нагрева, чтобы с ее помощью в конце концов изгнать разрывающий ее на части вирус. Основные методы в устранении болезни, которые использует Земля: обнаружения, исцеления при помощи запечатывания и связывания заболевшего места. Я считаю вполне достаточным приведенные здесь сведения. Этот вопрос слишком обширный, и ответ на него мог бы занять целую книгу.

Отметим только, что определенные территории на нашей планете «запечатаны» Землей и любые попытки развития на них цивилизации обречены на провал. Эти земли остаются нетронутыми техническим прогрессом, так как содержат в себе основные энергетические точки силы Земли. Любые попытки цивилизованного человека внедриться туда вызывают катаклизмы и волнение земной поверхности. Эти территории могут быть заселены только аборигенами, чей жизненный уклад не меняется многие столетия.

Вся территория Земли, как и тело человека, разделена по сферам влияния планет и имеет свою определенную кармическую программу. В момент обретения душой человеческого тела на душу накладывается еще и влияние кармы того участка земной поверхности, где он рождается. Во многих странах Востока время рождения человека отсчитывается от времени, когда душа пришла к родителям и началось строительство ее нового физического тела. В европейских странах рождением считается момент разделения материнского и детского физических тел, но это не момент объединения души и тела.

Карма местности накладывается именно в момент начала построения физического тела.

Территория Земли – больная, измученная потребительским отношением людей, загроможденная большим количеством построек, сетями коммуникаций и пронизанная огромным количеством излучений, привлекает души, чьей основной кармической задачей является испытание на себе всего того, что чувствует живой организм Земли. Подобное всегда привлекает к себе подобное. Обессиливание территории Земли притягивает к себе обессиленные души. Именно поэтому сильные души, несущие человечеству понимание своей миссии и освобождение, приходили в уединенные места среди природы.

Каждая местность имеет свои духовно-исторические корни, которые создают определенные кармические следствия. Их-то и впитывает душа, получая физическое тело. Даже Иисус Христос не был освобожден от кармы человечества и кармы Земли. Это и было тем тяжким крестом, который он понес за все человечество. Все святые и духовные учителя, оставив свое физическое тело, продолжают нести карму человечества, чтобы помогать людям осознавать свою душу и развивать ее. Не случайно Иисус вступил в Иерусалим – скопище разврата и главный город фарисеев. Именно здесь он совершил свой подвиг, собрав на себя всю негативную карму и открыв тем самым путь к свету душам, заблудшим во тьме греха. Оставив человеческое тело, Христос не снял с себя кармы человечества, именно с этим связано столь большое распространение христианства по Земле.

Во многих местностях существуют святые, помогающие людям и продолжающие нести карму местности. Многие могли бы назвать их имена, чтимые на их малой родине. Не только в христианстве, но и во всех верованиях существуют такие души, взявшие на себя помощь человечеству в исправлении кармы местности, народов Земли.

Как уже говорилось, каждая планета нашей галактики имеет свою карму. Каждая из планет имеет и на теле человека определенные зоны влияния.

КОСМИЧЕСКИЕ ИНИЦИАЦИИ

В Космосе существуют структурные уровни, на которых записана вся программа эволюции нашей Солнечной системы. С ними связаны причинно-подчиненные уровни, на которых записаны Законы Природы для планеты Земля.

В определенных фазах земной эволюции, представляющих собой качественный скачок, индивидуальное сознание обнаруживает Универсальный Смысл, заключенный в традиционном коде социальных отношений. Такое кратковременное подключение влияет на генетическую программу индивида и возбуждает его положительную карму.

Иерархическая программа генетических программ Космоса строится как *порождающая грамматика*, причинно обусловливающая взаимосвязанную специфику развития личных проблематик у представителей различных *культур*.

Процесс постепенного накопления информации с последующей *возгонкой сознания* на более высокую ступень развития связан с периодическими изменениями потока солнечной радиации. Эти колебания интенсивности солнечного излучения вызываются увеличением или, соответственно, уменьшением количества областей активности солнечной поверхности, известных астрономам как «темные пятна». Количество «темных пятен» колеблется с периодичностью 11 лет и, соответственно, 22–23 года. Наблюдаются и меньшие периоды колебания числа солнечных пятен продолжительностью 3; 5,5 и 7 лет. Большинство этих областей активности «живет» около 27 суток, хотя многие из них существуют помногу месяцев. Области активности характеризуются выбросами в космическое пространство потоков электронно-водородной плазмы, сопровождающимися усилением излучений радиоволнового, коротковолнового, ультрафиолетового и рентгеновского диапазонов. Длительность потока «солнечного ветра», пронизывающего поверхность Земли, — 1,5–2 суток, что вызывает возмущение магнитного поля Земли, магнитную бурю.

К настоящему времени выявлены многообразные эффекты в биосфере Земли, связанные с распадом минералов в земной коре, вызванным изменением интенсивности солнечной радиации. Это приводит к концентрации положительно заряженных частиц (аэроионов), создающих космический экран над целыми местностями. Этот экран дестабилизирует установившийся ритм обменных процессов, вызывая увеличение числа сердечно-сосудистых заболеваний, приступов мигрени, астмы и т. д.

Эти заболевания являются следствием негативной кармы, которую наработали определенные человеческие роды, не желая изменить свое отношение к душе и миру. Космический экран таким образом дает силы душе и обессиливает энергию, собравшуюся вокруг определенных концепций и представлений. Концепции и устоявшиеся представления, силою мысли людей сконцентрировав вокруг себя энергию, создают эгрегор. Такие эгрегоры, подключаясь к людям, существуют за счет обмена энергиями с ними. Это подключение, с одной стороны, когда человеческие действия соответствуют концепции эгрегора, поддерживает и наполняет силами данного человека, с другой стороны, когда желания человека расходятся с концепциями эгрегора, он останавливает человека и отбирает энергию. Такие энергетические образования оказывают огромное влияние на ход истории. Сами люди не в силах уничтожить устаревший эгрегор, мешающий развитию человеческих душ. С этой задачей прекрасно справляется космический экран.

Таким образом, изменения инфраструктуры космического потока, пронизывающего Землю, вызывают духовную трансформацию общественного сознания посредством управляющего воздействия на геофизический, биохимический и физиологический ритмы обменных процессов...

Вряд ли существует более эффективный для очистки Земли метод, чем облучение своей планеты мощными дозами ультрафиолетового излучения. Но будет ли это означать конец для всех людей? Никогда!

Ведущий астрофизик доктор Джон Гриббин в своей книге «В начале» рассказывает о «спящих» генах — *аллелях*. (Различные формы одного и того же гена, расположенные в одинаковых участках гомологичных хромосом, определяют варианты развития одного и того же признака.)

Биолог Ричард Докинз называет аллельные гены *соперниками,* борющимися за одно и то же место в хромосоме. Во время изменений, происходящих с Землей (смещение полюсов, повышение солнечной активности), эти гены активизируются. Их задача состоит в том, чтобы дать толчок изменениям, необходимым для глобальной адаптации к тому, что происходит в результате меняющихся на всех уровнях условий.

> «И вдруг, после скорби дней тех, солнце померкнет, и луна не даст света своего, и звезды спадут с неба, и силы небесные поколеблются; ...тогда будут двое на поле: один берется, а другой оставляется; две мелющие в жерновах: одна берется, а другая оставляется.»
>
> (*Мф.* 24:29, 40, 41)

Проще говоря, мы генетически запрограммированы на то, чтобы выжить или вымереть. Причем выживание зависит от нашей же способности адаптироваться к новым климатическим и иным условиям на планете после катастрофы. Способность к адаптации включает в себя и способность легко менять свои устаревшие взгляды и представления на современные, способствующие росту и развитию души.

ДЫХАНИЕ СОЛНЦА

Солнце для нас связано с жизнью на Земле. Многие наши состояния обусловлены теми процессами, которые происходят на нем. Обладая высокой световой энергией, оно сильно повышает энергию нашего тела. Все депрессивные состояния, спазмы, энергетические затемнения, агрессивность сжигаются солнечными лучами. Именно поэтому все силы Зла для нас связаны с темнотой.

Человеческий организм, обладая потоками энергии, непрерывно струящимися в теле, можно сравнить с катушкой индуктивности. В теле существуют зоны локализации положительной и отрицательной энергии. Гармония между этими полями создает гармонию и единство ауры. Любой дисбаланс, вызванный проблемами на ментальном и астральном уровне, создает сбой в меридианах. А ведь именно они имеют положительную и отрицательную энергию.

Наше светило дышит. Сейчас уже подсчитано, что переменные выбросы энергии, энергетическое «дыхание» Солнца имеет период в 160 минут. Весь ближайший космос — от планет до молекул — синхронизирован с ритмом солнечного «дыхания». Половина периода, когда Солнце излучает энергию, весь ближайший космос ее поглощает. В другую половину этого периода все отдают свою энергию Солнцу. Это означает, что в природе существует великий Закон обмена энергиями независимо от индивидуального состояния и желания.

В момент прохождения этого периода через нуль — он длится 10–15 минут — наблюдаются настоящие информационные окна. В это время укрепляется связь между телами, и кармическая информация подходит к физическому телу, а от него — к высшим слоям человеческого бытия. Происходит нечто, похожее на механизм запоминания в компьютере. Если в этот период сохранить в чистоте все свои уровни (освободиться от мыслей и отбросить все эмоции), то можно все фазы энергетики человеческого тела привести к «0», и тогда вся высшая информация и кармические пути становятся ясными для прочтения. В такие моменты глубокая медитация может перейти в шамадхи.

По мнению современных ученых, глубинное ядро Земли оказывает своим полем воздействие на разнообразные процессы, происходящие в недрах и на поверхности планеты. Согласно гипотезе, на поверхности Земли существуют особые точки, которые расположены вдоль или параллельно ребрам гипотетического геокристалла. Кристаллическая структура Земли была хорошо знакома в древние времена восточным мудрецам и йогам. Ученые пытаются доказать, что зарождение растительной и животной жизни происходит в узлах кристаллической структуры Земли. Геокристалл планеты содержит несколько десятков характерных элементов — углов и сторон, находящихся на поверхности Земли. Вблизи углов этого кристалла жизнь как бы останавливается или распадается до первоосновы. Эти точки и линии, их соединяющие, создают аномальные зоны, которые оказывают драматическое влияние на жизнедеятельность человека. Так, в различных регионах земного шара находятся места, где часто происходят самоубийства. Имеются «черные пятна» на шоссейных дорогах, где чаще, по сравнению с другими местами, происходят транспортные аварии. В таких местах чаще всего вспыхивают эпидемии болезней скота.

В одних областях пространства создается потенциал от энергетических полей и образуется максимальная активность. А в других, характеризующихся «темными полосами», образуются мертвые энтропийные области.

Человек, жилище которого оказалось в зоне темной полосы, будет болеть, и у него никогда не хватит сил переехать из такого места, пока он не развяжет свой кармический узел и не поймет, почему он оказался здесь. Как говорилось уже ранее, ничего нет случайного. Каждое событие есть лишь следствие тех причин, которые произошли раньше. Но ведь не у всех желающих есть возможность получить точную информацию о первопричинах происходящего, чтобы устранить последствия. Чтобы разобраться в этом вопросе, рассмотрим характеристики кармы и пути ее формирования. Зная по закону повторяемости, что предпосылки (или экзамены для души) будут предлагаться в каждой жизни, пока душа с ними не справится, мы сможем отследить свою данную жизнь и найти первопричину действующей кармы.

Глава 4

Карма личности и пути ее определения

ГЕНЕТИЧЕСКАЯ ПАМЯТЬ «ПРОШЛЫХ ЖИЗНЕЙ»

Многие люди, которые предполагают, что получают доступ «к своим прошлым жизням» (имеется в виду жизнь души), соприкасаются не с банком данных поля (души), а с генетической информацией, заложенной в их банке данных или с генетической информацией всей популяции. Они сталкиваются с опытом, пережитым своими генетическими предками, и вероятность того, что это было пережито самой душой в прошлом, очень мала.

Поэтому надо научиться не попадать в генетическую ловушку и не путать ее с реинкарнационным фоном поля. Возможно, конечно, что поле (душа) окажется притянутым к конкретной генетической ветви и таким образом произойдет синхронизация двух систем. В результате сосредоточенная энергия вдвойне эффективнее сфокусируется на определенном историческом периоде и связанном с ним временном приходе. Такая энергетичсская конфигурация с большой вероятностью приведет к появлению личности, которой суждено оставить свой след в мировой истории.

Остальные же моменты «воспоминаний своих прошлых жизней» объясняются фактом притягивания соответствующими кармическими проблемами генетических воспоминаний, которые так или иначе способны охарактеризовать этапы наработки кармы.

Видение себя в прошлом в образе героя, исторической знаменитости и так далее чаще всего связано с нереализованным желанием души совершить нечто ценное. Светлая личность, вспыхнув как звезда, уходит с человеческого небосклона, оставляя память о себе. Не проявленная симпатия и память о ее деятельности остаются в информационном поле Земли и воспринимаются впоследствии людьми как «своя прошлая жизнь».

Душа, проявившись в таком ярком свечении, проходит на другой уровень развития и может принять следующее рождение с определенной, заранее охарактеризованной целью. Тогда ее приход обязательно отмечен характерными признаками проживания, известными только адептам.

Наше настоящее тело и мозг не принимали никакого участия в далеких событиях прошлых жизней души. Наше нерушимое тело, которое мы сохранили через весь цикл воплощений — есть духовное тело. Все низшие проводники отпадают от нас и возвращаются к своим элементам, прежде чем настанет время для нового воплощения.

Новая материя (ментальная, астральная, физическая), в которую мы облачаемся для новой жизни, не получает от нашей духовной сущности, заключенной в одно лишь духовное тело, сведений об этих отдельных переживаниях прошлого. Лишь качества, наклонности и способности, образовавшиеся из этих переживаний, остаются в памяти духовного тела. Наша совесть, наши инстинктивные ответы на эмоциональные и интеллектуальные запросы, наша способность отзываться, наше утверждение основных принципов добра и зла, — вот в чем состоят следы прошлых переживаний. Чем более развита душа, тем больше воспоминаний она берет с собой в последующее воплощение.

Для нормального развития и освоения тела молодые души не должны встречаться с воспоминанием прошлых приходов на Землю. Невозможность рассмотреть прошлое в сфере знаний о пути души только остановит развитие, напугает или бросит в пучину Эго.

Никакой мозг не мог бы вместить всех воспоминаний о событиях многочисленных существований. Только когда эти воспоминания сведены к выводам — к умственному и нравственному сознанию, только тогда становятся они полезны для развития человека.

Только тогда, когда нам раскрывается внутренний слух, может развернуться перед нами прошлое, ибо только одна душа обладает памятью прошлого. Воспоминания можно вызвать, но достижение такой памяти является результатом постоянных медитаций, посредством которых ум контролируется и приводится к успокоению для того, чтобы вызвать в нем способность чутко отвечать на голос души и воспринимать воспоминания прошлого.

Пока человек не умеет рассматривать свои радости и страдания в свете вечности, он не в состоянии встретиться с событиями прошлых рождений.

Сильный стресс, вызвавший смерть, порой вспоминается душой в детском теле. Дети имеют время от времени мимолетные прозрения в свое прошлое, вызванные каким-нибудь событием настоящего. Такие моменты вспоминания обычно заканчиваются в подростковом возрасте. Редко они продолжаются до восемнадцати лет, когда обрывается последняя связка с прошлым телом. Зачастую такие дети могут относиться к своему телу, как к телу другого пола. У них сохраняется память тела того пола, который был в прошлой жизни. Мы можем видеть мальчиков, которые тянутся к женским платьям и украшениям, девочек, занимающихся укреплением мышц и ведущих себя как мальчишки. После восемнадцати, вместе с обрывом кармической связки с тем телом, они чаще всего полностью принимают нынешнее тело и меняют свое поведение. Такие явления чаще всего встречаются у тех народов, которые придерживаются захоронений в землю с сооружением памятников, на котором изображен образ усопшего.

В связи с тем, что рассматривать карму души весьма тяжело из-за описанных выше причин, мы будем в дальнейшем рассматривать пути кармы рода. Предания рода, сведения и фотографии, оставшиеся от предков, помогают восстановить определенные события, следствия которых ощущают ныне живущие.

ПОВТОРЯЕМОСТЬ ЗАКОНА КАРМЫ

Сложно предположить, что, не справившись однажды с поставленной задачей, мы больше никогда не столкнемся с ней. Частые напоминания о случившемся будут постоянно преследовать нас, давая возможность измениться. Жизнь — это часто повторяющиеся экзамены на звание Человек. Но экзаменаторы обладают терпением и предлагают вам переэкзаменовку снова и снова. Поэтому совсем не обязательно искать настоящего видящего в толпе лжецов в поисках ответа на свои вопросы. Вы сами можете найти ответ на источник следствий, которые мешают вам жить и останавливают на пути постижения себя. Обратитесь к повседневной жизни — все ответы на вопросы вы можете получить именно здесь.

КАРМА НАРОДА, НАЦИИ

Душа возвращается на Землю, каждый раз притягиваемая кармической программой. Эта программа составляется из:

— основной программы души — развития;
— кармы (негативной и позитивной) человечества;
— кармических наработок самой души в прошлых жизнях, которые были созданы действиями, мыслями и желаниями.

Эти темы создают предпосылки, притягивающие душу к рождению в определенном народе, нации.

Каждый народ имеет свою карму, отличную от других народов. В зависимости от суммы предпосылок и наработок душа может менять народ, в который она приходила. Зачастую сильный негатив к одному из народов привлекает душу к рождению именно в нем. Так, отрицательное отношение к чернокожим людям создает предпосылки для следующего прихода в физическое тело именно среди них и т. д.

Таким образом, душа должна получить опыт проживания в нескольких народах для того, чтобы перестать делить всех на «своих и врагов».

Предпосылками, создающими карму, притягивающими душу к рождению в теле одной из наций, могут стать не только эти причины. Каждая нация имеет свои культурно-исторические «символы». Приобретение символов всех наций — это одна из причин прихода души в разные тела.

Это можно сравнить с приобретением знаний и навыков, которые предоставляет нам последующий класс общеобразовательной школы.

Помимо указанных причин существует еще целый ряд «дисциплин», которым душа должна научиться, приходя в тела разных народов.

КАРМА РОЖДЕНИЯ

Каждая душа воплощается в материальном мире в определенный момент времени. Переплетение всех видов карм, влияние планет, звезд накладывают на будущего человека кармические следствия, которые станут предпосылками его душевного развития. Определенные проблемы и заболевания, встречаемые человеком на своем пути, помогают найти свой верный путь и определить основные задачи развития.

Дети, рожденные от пораженного болезнью организма, будут страдать болезнями, закрепленными генетическим кодом, что впоследствии приведет к вырождению человечества.

Всякая болезнь есть следствие неправильного действия, нарушившего естественный ход энергии в организме Земли и человека. Эти действия могут быть не только физически завершенные, но и проистекать лишь как плод воображения. Причем физические поступки, совершенные здесь и сейчас, получают достаточно скорые физические последствия. Нарушения же, вызванные неправильными мыслями, причиняют вред всему живому на тонком уровне, и следствия их растягиваются порой на века. Последствия от негативных мыслей и слов могут отразиться не только на самом создателе таковых, но и на его детях, внуках и т. д. Поэтому непричинение вреда своими мыслями и действиями становится основной практикой во многих духовных течениях всего мира.

Мать и дитя тесно связаны друг с другом. До 6 лет они занимают одну энергетическую ячейку Вселенной. Это очень похоже на момент деления клетки, когда два ядра располагаются в одном теле клетки и готовятся к разрыву и делению этого тела. Мать и дитя имеют до определенного момента общее энергетическое тело, которое дает возможность ребенку освоиться с окружающим миром и построить свое психоэмоциональное тело. В это время все мамины дискомфортные мысли и проблемы ментального тела, спускаясь на уровень ниже, становятся нарушениями в теле эмоций и желаний ребенка. Эмоциональные перегрузки матери приводят к физическому нездоровью ребенка и т. д. Поэтому комфортное состояние матери — это первый закон для здоровья ребенка. Если ваш ребенок заболел, у него насморк, кашель — его мама испытывает психоэмоциональное давление со стороны; ей нужна помощь. Поднимите настроение маме, помогите снять давление, и ваш ребенок выздоровеет.

Часто можно встретить маленького ребенка, имеющего уже нездоровое тело, — чем это вызвано? Мы получаем тело в таком состоянии, в котором оставили его в прошлой жизни. Это следует понимать следующим образом: тело, которое формирует душа, уже имеет все необходимые «инструменты» для решения кармических задач, поставленных перед ней. Если в течение всей жизни человеку удастся освоить возможности своего организма и разобраться с негативной и позитивной кармой — в следующем рождении душа получит более совершенное тело. Отрицание же жизни как душа, жизнь для тела, и как тело — создают сильные негативные предпосылки для получения болезненного, уродливого тела в следующей жизни. Торговля телом, стремление придать телу все более «сексуальный» вид, приводит многих уже в этой жизни к получению негативных последствий. Для всего рода это может привести к вымиранию и бездетности уже следующего поколения.

Часть болезней, травм, полученных в прошлой жизни, передаются в следующее рождение.

Например, как-то за помощью обратилась женщина. За последние несколько лет ее суставы рук и ног стали сильно деформироваться. Имея от рождения слабое маленькое тело, она не нашла сил справиться с наступающей болезнью. Проведя регрессию в прошлую жизнь, мы попали в момент ее прошлой смерти. Маленькая девочка, играя в мяч, выскочила на проезжую часть и столкнулась «лицом к лицу» с машиной. Первой ее реакцией было выставить вперед руки. Именно по ним был первый удар. После этой регрессии болезнь остановилась.

Период возвращения душ на Землю может быть достаточно коротким. Многие души, ушедшие во время войны, уже вернулись и живут в наше время. Те места в их теле, которые в прошлом ранены или простреляны, в нынешнем теле несут элементы нарушения и часто болят. У некоторых людей даже замечается аномалия на кожном покрове и тканях. Эти следы ранений вызывают подсознательные страхи и влияют на взаимоотношения с людьми. Интересно отметить, что в моей практике чаще встречаются люди с травмами этой войны, чем с травмами революции.

Теперь разберем некоторые болезни и причины, породившие их (см. табл.).

Список этот можно продолжать достаточно долго. Указанные заболевания помещены по просьбе моих слушателей.

Болезнь	Неправильные действия	Необходимо понять
Больные ноги	Упорное нежелание меняться. Такие люди сопротивляются любым изменениям и слепо ведут всех к намеченной цели. «Для них жить по правилам», навязываемым ими другим, — это основная цель	Научиться жить не по правилам, а руководствуясь душой. Отпустить близких, идти своей дорогой
Больные руки	Отказ делать что-то. Неумение получать радость от труда или желание через труд привлечь к себе внимание	Каждый плод ваших дел впитывает ваши энергии и отношение к тому, что вы делаете. Научитесь любить и получать радость просто оттого, что вы это можете делать, тогда необходимая помощь и внимание придут к вам. У вас появится достаточно времени, чтобы чувствовать свою душу
ДЦП	Жили только как тело. Черствость и отрицание любых тонких чувств и голоса души	Научиться жить импульсами своей души. Чувствовать любовь, радость, благодарность. Отдавать тепло и любовь
Бронхолегочные заболевания	Принятие того, что вас задавили диктатом и указаниями. Пораженческая позиция. Это следствие, вызванное вашим диктатом в прошлом	Попросить прощение за диктат, оказанный вами в прошлом. Объясниться с тем, кто давит вас сейчас. Рассказать, что вы испытываете при этом к этому человеку. Терпение и примирение с диктатом равносильно вашему согласию усугубить его
Почечные болезни	Сильный негатив в отношении мужчин. Согласие с ролью «сильного» мужчины, мужчины-«хозяина»	Понять, что все делятся не только на мужчин и женщин, прежде всего, все люди

Болезнь	Неправильные действия	Необходимо понять
Болезни сердца	Неумение любить себя. Посвящение своей жизни не развитию души, а построению себе памятника в сердцах окружающих. Делание для других, посвящение себя достижению какой-либо цели — вот их основное действие	Улучшение мира надо начинать с себя. Любя себя, но не больше, чем других, вы можете научиться любить и понимать других людей. Не любя себя, не чувствуя в душе своей истинной ценности, вы этому учите и окружающих. Благодарность за ваши действия заставит их отказать себе в любви и счастье
Больная система пищеварения	Непринятие и неспособность «переварить» информацию, необходимую для развития души. Вы пытаетесь все *понять*, но не почувствовать. Вы боитесь быть незнающими. В вашем представлении только умные и знающие приняты людьми	Прислушайтесь к себе. Все самое истинное и ценное уже есть в вас. Вам не надо притягивать к себе людей своими знаниями — они это сами прочтут. Вы ценны, потому что вы уже есть. «Из тысячи семян, брошенных на землю, — единицы всходят. Остальные падают в бездну». Из тысячи душ, устремляющихся на Землю, единицы получают человеческое тело. Вы пришли на Землю, вам уже есть что сказать. За вами опыт многих рождений, он в вас. Вы притягиваете к себе людей именно этим. Когда вы пытаетесь быть «отличником», выучившим урок и рассказывающим его у доски, — вы обесцениваете свою душу
Рак	Накопленные обиды и гнев. Вы сдались в вечной борьбе с жизнью. Вы пытались быть хорошими, но вам не давали. В вашей душе на	Отпустите обиды. Научитесь жить, принимая все: «как Богу угодно...Бог дал — Бог взял». Вы не знаете истинного смысла тех событий, которые произошли и происходят с вами. Поэтому примите все

	коплено уже достаточно пораженческих состояний и вы не верите, что сможете реализовать себя	
Рак груди и женских органов	Вам «не дали» почувствовать себя матерью. Слишком много всяких проблем было у вас на жизненном пути, и вы не успели насладиться радостью материнства. Вы не испытали женских радостей, радости быть любимой женой	Слишком много ожиданий, сказок вы построили еще в детстве. Ожидание чуда в семейной жизни — это уже не тот уровень, не для вас. У вас совершенно другие задачи на Земле. У вас есть дар, который вы заглушили в погоне за счастливой семейной жизнью. Найдите и верните его себе
Рак дыхательных путей	Невозможность говорить, обида, скопленная годами, на ту, которая вас не хотела слушать	Вспомните почему вам хотелось, чтобы именно ОНА вас услышала? Так много людей, которые любят и слушают вас. Перестаньте доказывать своему прошлому, что вас надо слушать
Рак простаты	Вы обижены на женщин, которые не признали в вас «мужской силы». Ваша жизнь наполнена встречами с многими женщинами, для которых вам хотелось быть замечательным	Перестаньте завоевывать одобрение у других. Ваша ценность — вы сами. Так много вы можете сделать в этом мире как человек
Рак крови	Кровь — есть жизнь. Вы запуганы жизнью. Вы не принимаете ее. В этой жизни вы так и не нашли для себя места	Это не жизнь вас предала — вы предали ее. На всех людей одинаково светит солнце, одним воздухом все дышат, одни птицы поют. Деревья, цветы продолжают дарить вам свою красоту. Это вы отказались от всего. Вы отдали все это нескольким людям, отказавшись

Болезнь	Неправильные действия	Необходимо понять
Рак крови (окончание)		даже увидеть и понять остальных. «Все такие», — говорите вы, но вы не знаете их. Согласившись играть роль «изгоя», вы сами создаете такое отношение к себе. Это гордыня. Пока вы были самым эгоистичным человеком, — повернитесь ко всем лицом, почувствуйте всех. Так много людей страдают так же, как вы. У всех свои проблемы. Многие носят «личины» и мучаются этим. Почувствуйте своей душой, кто скрывается за всем этим
Рак кожи	Вы отторгли любое касание мира к вам. Вы «недотрога». Касание людей приносило вам боль, или вы сами боялись дотронуться до кого-то?	Скажите сами себе: «Я принимаю этот мир таким, как он есть! Мне приятно чувствовать его своей кожей! Я раскрываюсь как душа этому миру, и поэтому мир принимает меня!»
Кожные болезни	Отвращение касания к вам, ощущение того, что вам лезут «под кожу». Они берут свои корни в детстве, когда взрослые люди, лицемерно изображая любовь и заботу, были равнодушны к вам	Отпустите вину детства. Эти взрослые люди были следствием вашего отношения к людям в прошлой жизни. Научитесь душевному контакту. Перестаньте лицемерить в своих взаимоотношениях с окружающими

Болезни коленей, локтей	Вы боитесь потерять что-то или кого-то. Вы поставили себя в полную зависимость от этого объекта, почему? Любое цепляние — это следствие непонимания своей собственной значимости	Чем больше вы боитесь потерять, тем больше притягиваете к себе эту потерю. Осознание бренности физического мира и ценности души — вот тот опыт, который вы должны получить
Болезни позвоночника	Ваше прошлое тянет вас. Вы живете прошлым, как тот корабль, что не поднял якорь и пытается плыть вперед	Научитесь жить в настоящем. Все давно уже изменилось. Перед вами новые возможности — начните жить сейчас
Морская болезнь	Вы пытаетесь закрепиться любым шагом. Вам не хватает уверенности. Вас одолевают сомнения, правильно ли вы живете. Эти сомнения имеют глубокие корни в прошлых жизнях. Желание быть понятым и поддержанным большим числом людей. Получение подтверждения своей ценности и значимости от окружающих. Желание лидерства и политической карьеры	Вы приходите в мир не для того, чтобы завоевывать большое число приверженцев ваших идей. Если идеи подлинные, продиктованные положительной кармой человечества и планеты — они сами найдут себе последователей. Поиски же того, чем заинтересовать большое количество людей, зачастую приводят к потере себя и невыполнению своей космической задачи

Болезнь	Неправильные действия	Необходимо понять
Морская болезнь	Вы пытаетесь закрепиться любым шагом. Вам не хватает уверенности. Вас одолевают сомнения, правильно ли вы живете. Эти сомнения имеют глубокие корни в прошлых жизнях. Желание быть понятым и поддержанным большим числом людей. Получение подтверждения своей ценности и значимости от окружающих. Желание лидерства и политической карьеры	Вы приходите в мир не для того, чтобы завоевывать большое число приверженцев ваших идей. Если идеи подлинные, продиктованные положительной кармой человечества и планеты — они сами найдут себе последователей. Поиски же того, чем заинтересовать большое количество людей, зачастую приводят к потере себя и невыполнению своей космической задачи
Морщины на лице	Цепляние за определенные мысли. Постоянные поиски подтверждения их ценности и истинности. Создание концептуальных взглядов на смысл жизни	Любые концепции, даже самые прогрессивные, постепенно становятся плотиной для нормального течения жизни. Река жизни стремительно течет вдаль, к освоению всего нового, более значимого. Цепляние за свои концепции рождено из желания закрепиться в материальном мире, оставить о себе память. Это притягивает следующее рождение к тому моменту, когда эти концепции устареют и станут останавливать прогресс. Вам, возможно, придется самому прикладывать тогда максимум усилий, чтобы разбить старые, устаревшие взгляды и представления, которые вы создали сами
Головные боли	Мысли о своей значимости и желание объяснить, доказать всем, что вы правы	Когда вы мыслите, вы отталкиваетесь от того, что уже было, или же от того, что, как вам кажется,

		будет. В любом случае вас нет здесь и сейчас. В каждый момент времени люди находятся рядом с вами, но вас нет — вы либо в прошлом, либо в будущем. Как они могут узнать и почувствовать вас? Научитесь быть в настоящем времени
Болезни половых органов	Стыд и страх полового акта. Ложное представление о Грехе. Дети должны рождаться от любви, которая бросает родителей в объятия друг другу. Любовь — есть Бог. Любовь не может быть грехом или стыдом	Прошлые проблемы со своими детьми, корнями уходящие в прошлые жизни. Когда вы относились к своим детям как к продолжению себя, но не как к отдельным душам, пришедшим к вам за телом и объединенным с вами только кармой. В этой жизни такое отношение вы, вероятнее всего, видели от своих родителей. Они могли навязывать вам свои занятия, свои проблемы и т. д. Отпустите эти обиды. Вас никто не обязан продолжать. Вашим продолжением будете вы сами
Венерические заболевания	Вы получили заболевание, которое стало следствием ваших мыслей и страстей. Подобное всегда притягивает к себе подобное. Души, занимающиеся в физическом теле развратом, проституцией — после выхода из тела становятся мельчайшими частицами, притягиваемыми к Земле сексуальным желанием. Истратив напрасно силы, душа не может покинуть пределов нижнего астрала — это и есть **ад**. Такие души притяги-	Научитесь относиться к себе не как к объекту вожделения, а как к душе в этом теле. Перестаньте жить сексом. Животное начало в человеке сильно, но он уже не животное. Любовь и секс не одно понятие. Истинная любовь — это любовь родственных душ, но тогда акт соития их тел не будет тем грязным сексом, с которым вы сталкивались до сих пор

Болезнь	Неправильные действия	Необходимо понять
Венерические заболевания (окончание)	гиваются к местам разврата и во время акта пристают к физическому телу. Неправильное отношение к половому акту, непонимание его значения в привлечении душ на Землю – привлекает разложившиеся души и, как следствие, возникает заболевание	
Депрессия, вызванная потерей близкого человека	Неверие в то, что вы можете жить своей интересной жизнью, привело вас к уверенности, что, только живя жизнью другого человека, вы можете быть счастливы. До сих пор вы руководствовались понятиями «хорошо» и «плохо», установленными для вас этим человеком. Вы могли даже испытывать обиду на него, подвергаться оскорблениям или наказаниям со стороны этого человека, но держались за него. Теперь его нет рядом с вами. Развод, смерть или долгая разлука – это необходимый опыт встречи со своим путем в жизни	Поверьте в себя, в свою способность самостоятельно принимать решения, что хорошо и что плохо. Вам надо научиться слушать голос своей души. Именно тогда вы получите свою индивидуальную оценку истины происходящего с вами. Понятие «хорошо» и «плохо» для каждого заложено его кармой. То, что хорошо для другого, для вас может оказаться причиной наработки негативной кармы. Это не значит, что вы получаете свободу делать зло на Земле. Слушая реакцию своей души на собственные мысли и поступки, вы научитесь чувствовать частицу Бога в себе (свою душу), а она развивается по космическим законам, которые не могут быть злом

Глава 5

Знаки зодиака и карма души

Души приходят на Землю в определенное время, которое связано с влиянием планеты, звезды на Землю. Неправильным было бы считать, что души приходят к рождению в зодиакальном знаке только один раз. Повторяемость прихода в каждом знаке может быть различной. Это прежде всего связано с успешным прохождением кармической программы душой.

Существует определенная последовательность рождения в зодиакальных знаках. Рождение в знаках чередуется от программы развития и совершенствования себя в земной жизни к программе развития в качестве души и опять к земной жизни. Это необходимо для того,

чтобы все, освоенное душой, могло пройти проверку в материальной жизни. Если освоенное душой стало ее истинным опытом (а не надуманное человеком), то последующая простая физическая жизнь наполнена внутренней духовностью и цельностью. Если человек освоил полностью «маску» духовного человека и истинно соответствует для мира людей ее проявлению — то следующая жизнь простого земного человека покажет, было ли истинное развитие души. Можно вести «святой» образ жизни, образ которого исторически сложился на данной территории, и получать одобрение и поклонение людей, но не развивать свою душу.

Пример. Женщина живет с пьяницей. Она терпит его побои и ругань. Терпеливо разыскивает его по злачным местам, чтоб не пропал. Столько в ней терпения, заботы. Окружающие говорят: «Святой человек. Ей место в раю». Что скрывается за всем этим? Она не реализуется в этом мире как человек, все ее время и силы забирает пьющий муж. Ее дети страдают, так как не видят нормальной человеческой жизни. Состояние «пораженчества», которое испытывает их мать, стало единственным их наследством. В лучшем случае они научатся ненавидеть пьянство, но…

Эта женщина стала такой, потому что ее мать была диктатором и полностью забила реализацию дочери. «Кому ты нужна? Да что ты вообще сможешь сама сделать?» — говорила ей мать. Результатом стала такая жизнь. Святость ли это? Сколько бы ни убеждали ее соседки в ее «святости» и как бы она им ни верила — она только нарабатывает негативную карму.

Простая, кажущаяся бездуховной жизнь бывает очень глубокой и способствует проверке на практике тех истинных ценностей, что наработала душа в прошлом. Жизнь в мире со всем, понимание и слияние с природой, мудрое отношение к происходящему — вот отличительные черты такой жизни. Мудрость спокойна, скромна и ненавязчива. Частое посещение церкви, соблюдение обрядов не всегда говорит об истиной вере.

Теперь вернемся к зодиакальным знакам. Если расположить в колесе перерождения принятые сейчас зодиакальные знаки, то получим цепь, где знаки объединены парами противоположностей.

Овен – Весы
Телец – Скорпион
Стрелец – Близнецы
Рак – Козерог
Лев – Водолей
Дева – Рыбы

ОВЕН

Это знак начинаний, начало творческого процесса. Это первый шаг души. Начинается великий цикл от Овна до Тельца.

Душу обуревают страстные желания материальных выгод физического воплощения. Постоянно предпринимающиеся мирские предприятия затягивают душу и уводят от осознания себя. Овен связан с душевными намерениями, активность которых дает начало последовательным инволюционным периодам, активизирующим жизнь на физическом плане. Овен – это знак начинаний, начало творческого процесса, первый шаг души навстречу воплощению. За большой путь от Овна к Тельцу душа учится отражать четыре мотива.

Сознание – связь души с физическим телом закрепляется.

Возрождение – подготовка к внутренним изменениям.

Переориентация – личность (личина) отступает на задний план, и истинный человек проявляется внешне.

Отречение – отказ от всего ради любви к человечеству и служения ему. Душа кладет себя на алтарь жертвы.

Ум постепенно уступает интуиции, а рассудок — чистому восприятию. В Овне все души, появляясь как ментальные сущности, впервые проявляются в человеческом воплощении.

Именно в Овне душа приходит на землю и попадает в очищающий процесс путем перерождений. Путем процессов войны и борьбы начинает свой путь душа в Овне.

ВЕСЫ

Войны и деление на своих и врагов закончилось, пора взвесить все «за» и «против».

Это знак равновесия, тщательного взвешивания ценностей и достижения должного равновесия между парами противоположностей. Этот знак связан с интуитивным восприятием. Правильно проходя этот знак, люди проводят жизнь в тихом созерцательном состоянии или состоянии статической безопасности. Это может быть жизнь в равновесии, взвешивании того и этого и определении, каким образом склоняются чаши весов. Только в следующем знаке проявятся некоторые задуманные результаты.

Весы связаны с ментальной единицей и создают, в конце концов, равновесие между парами противоположностей, которое совершается на астральном плане. Именно достижение этого равновесия вызывает обращение способа прохождения по Зодиакальному колесу. Научиться правильно пользоваться умом, различать пары противоположностей и найти узкий, как лезвие бритвы, путь, проходящий между ними, и сохранить на нем равновесие — вот задачи Весов.

Этот знак управляет юридической профессией и сохраняет равновесие между «верным» и « неверным», негативным и позитивным.

Равновесие противоположностей в Весах

Неуравновешенность	Уравновешенность
Пристрастие, предвзятость	Справедливость, рассудительность
Тупая глупость	Восторженная мудрость
Крикливая внешняя форма жизни	Внешнее кроткое, не вызывающее выражение при внутреннем содержании
Интриги	Прямодушное поведение
Материалистические позиции	Духовные позиции
Жить для себя	Жить для других

Балансирование между парами противоположностей делает человека в знаке Весов трудным для понимания.

Этот знак имеет прямой доступ к изучению закона *денег* и *пола*. Это один из законов троичности, где Воля и Власть выражают себя как *закон, законодательство, юрисдикция, справедливость*.

Этот закон проявляется как связь между парами противоположностей (символ которых чаши), а на физическом плане он проявляется как закон Пола.

Концентрированная энергия проявляется как *деньги*. Буквально, это золото.

Душам, пришедшим в физическое тело в этом знаке, необходимо достичь баланса между материальным личным желанием и разумной духовной любовью. Для получения опыта пришедшие на Землю под этим знаком проходят испытания тремя законами, указанными выше. Научиться держать равновесие в каждом из этих законов — вот их задача. Далее даны по каждому закону два полюса, между которыми надо научиться держать равновесие. Золотая середина — это гарантия счастливой жизни для таких людей.

1-й Закон — Законодательство. Максимальное подчинение уставу. Собственный диктат, навязывание своих законов, правил, систем.

2-й Закон — Пол. Вести себя как негативное проявление противоположного пола. Для мужчин — это капризы, истерики, методичное «тюканье» близких. Изображение из себя женщины. Для женщин — прямой, грубый, решительный подход ко всему. Мужское поведение — манипулирование противоположным полом, обостряя или демонстрируя внешнее проявление физической принадлежности. Отсутствие человеческой любви и сострадания к людям другого пола. Восприятие людей другого пола как рабов, недостойных быть равными с вами.

3-й Закон — Деньги. Транжирство, мотовство. Максимальный отказ от «земных благ». Жадность, эгоизм, накопительство. Жизнь ради денег.

ТЕЛЕЦ

Это символ желания во всех его фазах. **Воля, сила, желание, устремленность, амбиции, мотив, умысел, импульс, побуждение** — все это побуждение причин проявления эволюционных процессов и воли быть или воли жить.

Желание проявляется у них как **упрямство** или как **разумно выраженная воля,** побуждаемая импульсом любви.

Тельцам по природе и склонностям от рождения неплохо было бы рассмотреть: «Возбуждается ли моя позиция, моя работа или намерение личным желанием или я работаю и строю планы непосредственно по душевному побуждению?».

Нарушение и нарабатывание негативной кармы для них связано с навязыванием своей воли людям и сводится к понятию «супергосударство». Это создает темницу для ума и приводит к ограничению всякой свободы (свободы мысли и свободы воли). Человек становится пленником созданного объединения, государства. **Приятие как необходимости какого-то правила или образа жизни, навязанных силой и не являющихся свободным выражением свободных людей — вот негативный узел создаваемой ими кармы.** Своевольный напор низшей природы, воплощенный в силах агрессии. **Стремление к прогрессу людей, которые еще не обладают пониманием, а движимы лишь напором и желанием осуществить прогресс — вот негатив этого знака.**

Этот знак имеет отношение к физическому телу. Здоровье и целостность тела тесно связаны с выражением прежнего желания или теперешних идеалов.

Золото является символом, который сегодня правит желаниями человека — национальными, экономическими, религиозными. Оно связано с этим знаком, и это одно из указаний того, что сегодня конфликт в экономической ситуации мира основан на бурном желании.

Бык должен найти истинное золото духовной жизни, и тогда исчезнет золото физическое для желаний человека.

Телец правит шеей и щитовидной железой. Это области реализации творческой энергии. Горло — это центр, до которого должна быть поднята энергия сексуального центра, чтобы творение, через любовь и посредством воли, перевело половую энергию на более высокое использование.

Развитие речи, освоение процессов ее очищения может помочь для совершения процессов преображения.

Острое разделение между телом и душой и постоянная борьба за достижение цели свойственны этому знаку. Борьба, разрушающая еще и без того слабую связь между душой и телом. Негативный путь Тельцов — это захватить, взять и смело идти за тем, чего желают. Царь, посылающий Иванушку за жар-птицей, несомненно, был Тельцом.

Предвидение возможности и упорного движения вперед вопреки очевидным опасностям — вот цель раскрытия для них.

В Тельце трансформируются желания и стремления, темнота уступает место свету и вдохновению. Внимание человека постепенно концентрируется на духовном достижении.

СКОРПИОН

Испытания, которым подвергается Скорпион, необходимы душе, чтобы подчинить себе природу желаний. Посвятить свою низшую природу служению людям. Скорпион несет смерть понятию о себе как о личности и освобождает от контроля и боли в будущем.

Скорпион несет испытания прямо в жизнь физического плана. Три испытания в Скорпионе касаются трех аспектов человеческого существа в том виде, как они сплавлены и слиты на физическом плане.

1. Это, прежде всего, **испытание аппетита**. Аппетитом являются естественные пристрастия и тенденции, присущие животной природе. Таких в основном три: секс, физический комфорт и деньги как концентрированная энергия.

2. Это испытания, связанные с желанием и астральным планом: **страх, гнев и честолюбие (эмоция) или желание власти**.

3. Испытание низшего критического ума: **гордость, отделенность и жестокость**.

Гордость, являющаяся интеллектуальным удовлетворением, делающая ум барьером на пути передаче душе.

Отделенность — изолированная позиция, делающая ум барьером на пути к правильным групповым отношениям.

Жестокость – удовлетворенность личными методами, делающая ум инструментом чувства власти.

Когда эти недостатки поняты и преодолены, достигается двойной результат: устанавливаются правильные отношения с душой, а также с окружением.

В Скорпионе человек попадает в ситуации, когда инстинкт самосохранения возбуждается до такой степени, что в страшной нужде человек взывает к душе.

Скорпион связан с органами чувств, которые являются основанием всего человеческого знания там, где речь идет об осязаемом и субъективном. Поэтому он через Марс управляет наукой – отсюда причина фундаментальной, но не окончательной материальности науки. Тенденция современной науки уже сместилась в область неосязаемого и в мир нематериального. Именно поэтому рожденные под влиянием этого созвездия часто делают вид всезнания, но на самом деле неверие в возможность получения знаний другим методом, кроме пяти чувств, дают им состояние поверхностных «внешних» знаний и отсутствие глубины внутри себя. Они должны научиться верить себе, а не внешним знаниям. Получение знания себя самого, чувствование себя даст им возможность освободиться от многих кармических узлов.

БЛИЗНЕЦЫ

Близнецы – это сила, которая производит изменения, необходимые для эволюции сознания Христа в каждый конкретный момент времени и пространства.

Близнецы связаны с эфирным телом. Это хранитель обусловливающей энергии и посредник, насколько это касается главных оснований между душой и телом. Эфирное тело является передатчиком психической энергии, оживляющей и координирующей плотное физическое тело и допускающей астральное и ментальное влияние личности.

Близнецы правят кистью и всей рукой. Они также управляют окислением крови, приводя в результате к жизненной активности и к свободному взаимодействию и циркуляции сил души по всем органам внутри тела. Там, где есть свободное течение жизненной силы и нет никаких помех циркуляции жизненной энергии через кровь, там будет и совершенное здоровье.

Близнецы управляют также нервной системой и жидкостными реакциями всей нервной системы.

Близнецы управляют щитовидной железой, которая у взрослого человека сейчас не активна, вследствие того, что сердечный центр у большинства не пробужден.

Людям, рожденным под влиянием этого созвездия, свойственна чувствительность и быстрая реакция. Текучее непостоянство, но аналитическое понимание людей и обстоятельств.

Этому знаку свойственна активность и постоянное непрерывное движение бесконечно меняющихся условий. Человек должен достичь гармонии и вытекающей отсюда гармонизации всех крайностей.

Текучесть, признание текучести, контроль души — вот основные мысли этого знака.

СТРЕЛЕЦ

Раньше, во времена Атлантиды, этот знак изображался в виде Кентавра (половина — человек, половина — животное). Этот знак символизирует эволюцию развития человеческой души с ее человеческими целями, ее эгоизмом, отождествлением с формой, ее желаниями и ее стремлениями.

Удовлетворение желаний и животных побуждений мешает преобразованию лошади в человека. Ключевой нотой Кентавра является **честолюбие**. От амбиций к устремленности, от эгоизма к интенсивной жажде бескорыстия, от индивидуального, направленного на себя интереса, к однонаправленности духовного постижения.

Амбициозность Стрельца, направленная в нужную сторону, приводит в конце концов к духовному стремлению. Приход души в Стрельца происходит для того, чтобы ориентировать себя в сторону некоторой новой, более высокой цели, ради задачи сконцентрироваться на более высоком намерении в связи с раскрытием некоторого основополагающего и направляющего замысла. Эти развивающиеся цели могут лежать в диапазоне от чисто животного желания, через эгоистическую человеческую амбицию — до борьбы за необходимую душевную свободу, к которой его толкает весь эволюционный процесс.

В Стрельце развитый, используемый и, в конце концов, озаренный интеллект становится чувствительным к еще более высокому ментальному опыту, это можно назвать «интуитивным восприятием». При этом проблемы освещаются вспышками света, возникает видение отдаленного и все-таки возможного достижения цели.

Стрелец должен обрести и сохранить верный глаз, твердую руку и устойчивую позу, прежде чем выпустить стрелу и следовать за ней по пути духовного развития. Иносказательно это хорошо показано в сказке о царевне-лягушке, когда три сына запускают стрелу в поисках своей судьбы. Три сына — три тела души (физическое, астральное и ментальное).

Этот знак управляет бедрами, которые являются главным центром физической мощи и сил защиты, а также сакральным центром, который дает энергию для использования творческих сил физической жизни. Стрелец должен научиться балансу. Не падать в пропасть и не лезть на вершины; его путь — это ровная дорога в долине. Научиться душевному контролю над низшими проявлениями в себе животного царства — вот одна из задач Стрельца.

РАК

Это знак инстинктивной жизни. Знак освоения группового сознания.

Созвездие Рака является одним из двух врат Зодиака, так как через него возвращаются души в форму материи. В этом знаке скрыта вся проблема закона Перерождения. Он связан главным образом с миром причин. Природа формы в нем преобладает в самом долгом этапе человеческого раскрытия. Амбициозное состояние и еще не индивидуализированное состояние психики притягивается вновь к этим вратам.

Рак строит дом своей души, и этот дом должен быть освещен и светел. Если ваша душа изливает свет и любовь из «вашего дома» — это спасет многих. Если вы все еще обособленная душа, вам придется пройти через ужасы более полной изоляции и одиночества, однако, ступая по темному пути души, знайте, что эта особенность, отдаленность и одиночество относится к Великой Иллюзии. Через иллюзию предстоит пройти путь к единству, свободе и освобождению. Некоторые потерялись в иллюзии и не знают, что такое реальность и истина. Другие же вольно следуют в мире иллюзий ради целей спасения и возвышения своих братьев, а если вы этого не умеете, вам придется научиться идти так.

Опыт, который предстоит вынести рожденным под этим знаком, — это опыт проявления себя в форме.

КОЗЕРОГ

У Козерога Сатурн господствует в двух областях. Сатурнианское влияние исчерпывает себя в Козероге, и человек теперь свободен от сильных узлов кармы и не нуждается в предоставлении удобного случая, он может продолжать помощь миру без мыслей о себе или эгоистических желаний.

Козерог – знак Земли. Земля – это самая плотная точка материализации. Когда кристаллизация достигает определенной степени плотности и «жесткости», ее легко поколебать и разрушить. Человек, рожденный в Козероге, вызывает тогда свое разрушение. Это происходит в связи с его материалистической, в своей основе, природой плюс «ударами судьбы», которые есть утверждение закона кармы. У Козерога снова и снова наступает определенная степень конкретизации только затем, чтобы снова подвергнуться разрушению, предшествующему освобождению жизни и перестройке формы.

Козерог, идущий по пути наработки кармы, достигает высот личной амбиции, что приводит к окончательному разрушению.

Для Козерога в существующих формах прогресс становится невозможным, и поэтому должно быть нисхождение в долину боли, отчаяния и смерти, прежде чем будет предпринята попытка достичь высот. В этом знаке открывается новый цикл усилий, будь это усилие связано с индивидуальным человеком или с посвященным. Усилие, напряжение, борьба. Сражение с силами, связанными с преисподней, или же напряженные усилия, вызванные испытанием ученичества и посвящения – все это отличительные признаки опыта в Козероге. Именно поэтому рожденные в этом знаке не могут всю жизнь жить в согласии с устаревшими постулатами и концепциями – они исследователи, первооткрыватели, разведчики, готовые соединить истинные частицы знаний. Существует предание, что Господь рассыпал по Земле жемчужное ожерелье знаний. Бусины раскатились по Земле, на них налипло множество крупинок человеческого незнания, страхов, алчности и так далее. Миссия Козерогов состоит в том, чтобы найти и очистить как можно больше этих частиц. Поэтому истинный

Козерог никогда не остановится и не примет ложного учения. Он будет очищать, выкристаллизовывать жемчужины и соединять их вместе.

В Козероге вспышки интуиции, наработанной в предыдущих знаках, становятся сияющим и постоянным светом души, озаряющим ум.

ЛЕВ

Во Льве центром человека и фокусом сознания является он сам. Он все время обращен на себя — «уважение себя». Все мысли, все желания обращены к собственному благополучию и личным интересам.

Этот знак — полная противоположность Водолею, который посвящает себя помощи людям и благополучию человечества.

Лев считается одним из самых материальных знаков, поскольку эгоистическое желание обладания материальными целями может особенно присутствовать в нем.

Во Льве, в конце концов, должно развиться сознание индивидуальности.

Сатурн во Льве, являясь владыкой кармы, накладывает кару тем, что требует полной оплаты всех долгов. Он обрекает людей на борьбу за существование как со стороны формы, так и со стороны души.

Во Льве душа должна пройти два ключевых момента:

1. **Воля**, которая составляет движение к самоосознанию и к самопознанию, постижение себя на интеллектуальном уровне, а также волю к управлению и власти, которая имеет направленный характер. Именно воля к управлению приводит к рождению в этом знаке, чтобы в конечном итоге достичь господства над собой и влияния личности.

2. **Просвещение.** Воля к просвещению продвигает всех людей Льва на эксперимент и к обретению таким образом знания. Постижение себя, самоосознание, самопознание и интеллектуальная уверенность достигаются в этом знаке путем просвещения.

Ключевые мысли этого знака хорошо известны. Они выражают индивидуальность и подлинное самоосознание. Многие люди убеждены, что они сознательно управляют собственной жизнью, в то время как они всего лишь ориентируются на удовлетворение своих эгоистичных желаний. Но единственно подлинным самосознательным лицом является человек, который сознает цель, самонаправляемую жизнь, направляет свое развитие на определенный план и программу жизни. Быть побуждаемым лишь эмоцией и приводимым к действию желанием — не показатель подлинного самоосознания.

Это знак, в котором развивается сознание индивидуальности. Он относится к Поларису Полярной звезды (находящейся в Малой Медведице). Полярная звезда рассматривается как звезда «переориентации», благодаря ей развивается искусство «обращения к потерянному и возвращения утраченного». Это в конечном итоге проводит человека к источнику, и он познает, для чего пришел на Землю.

Жизнь души, сфокусированная в форме индивидуализации, — вот тема Льва.

ВОДОЛЕЙ

Это воздушный знак, знак постоянного движения, изменяющейся деятельности и повторяющихся мутаций. Водолей может испытывать глубины депрессии и самоумаление или же может познать и пройти через экзальтацию души и чувства духовной силы, которую дает душевный контроль, и знать их взаимодействие, а также их действие и противодействие, что необходимо для роста и постижения.

Водолей управляет кровеносной системой и циркуляцией крови. С кровью жизненная сила разносится по всему организму.

В Водолее человек пробуждается к красоте групповой жизни, группового интереса и своей индивидуальной ответственности в отношении группы и начинает отдавать свою жизнь в помощь человечеству.

Душа, пришедшая под этим знаком, должна стремиться к освобождению контроля личности.

Стать преданным служащим, приверженцем, рабочим — это посвящение себя другим, становиться помощью миру.

Сознание Водолея становится выраженным настолько, насколько индивидуальное эфирное тело состоит в сознательной связи с эфирным телом человечества. Связи с эфирным телом Земли — для Водолея большой опыт.

ДЕВА

Родившиеся под влиянием созвездия Девы могут жить либо жизнью личности материалистического характера, либо их жизнь будет посвящена зарождению и развитию вибраций души.

Символика Девы, вынашивающей дитя, связана с эволюционным процессом, который состоит в том, чтобы защищать, питать и раскрыть скрытую доселе духовную реализацию.

Этот знак нарабатывает выносливость и волю к жизни. Требовательность, упорство, выносливость и постоянство усилий являютсяхарактерной чертой этого знака.

Материнство и родительство, способность к истинной родительской любви должны приобрести люди, пришедшие под этим знаком. Научиться братской любви. Этот знак дает возможность пострадать и через страдания научиться правильному выбору, верному анализу и разрешению ситуаций на основе более высоких ценностей.

РЫБЫ

В Рыбах энергия уз является порабощающей связью, ограничивающей и удерживающей в плену.

В Рыбах душа находится в рабстве у материи, тесно привязана к форме. Она себя отождествляет с личностью. Для этих людей, чтобы освободиться от тесноты, накладываемой формой в этом знаке, необходимо идти на жертву.

Людей, рожденных в этом знаке, можно часто найти помогающими общности людей и содействующими ее нуждам развития на некотором уровне сознания.

Развитие в Рыбах начинается с материальной чувствительности, позволяющей им отвечать на все контакты. Они наделены инстинктивным сознанием, которое содержит внутри себя потенцию интуиции. Но сама интуиция еще дремлет.

Человек на этой стадии обладает внутри себя потенциями Христа, но это не проявляется, а является скрытой возможностью, так как целиком контролируется природой формы (тюрьмой) и своим окружением. Скрытые силы души пассивны (негативны), а силы природы формы активны (позитивны) и начинают находить все более множащиеся выражения. Естественные духовные тенденции человека задержаны (Рыбы – часто знак подавления и препятствий), а естественные животные и личностные силы, особенно эмоциональные, – явные, видимые качества человека. **Психическая чувствительность в Рыбах — главная проблема.**

Рыбы управляют ступнями, отсюда возникает мысль о прогрессе, достижении цели, движении по пути духовных открытий.

Для Рыб кармические задачи можно свести к преобразованию следующих негативных качеств в позитивные:

1. Низшие психические силы — в более высокие духовные способности.
2. Негативность — в положительный душевный контроль.
3. Медиумизм — в посредничество и примирение.
4. Инстинкт — в интеллект.
5. Стяжание — в отречение.
6. Эгоистичность — в бескорыстие.
7. Самосохранение — в бескорыстное служение миру.
8. Жалость к себе — в сострадание, симпатию.
9. Привязанность к собственным нуждам — в отклик на нужды человечества, преданность.
10. Отождествление со средой и страданием личности — в способность отождествляться с душой.

Обычный медиум низкого уровня — яркий пример Рыб. Склонность к внушению, животная и эмоциональная чувствительность при полной неразвитости ментального принципа — основные черты Рыб. В Рыбах вода очищения проходит через повседневную жизнь.

Глава 6

Вычисление кармического числа

Из нескольких глав, дающих возможность определить направление решения своих кармических задач, вы уже могли понять истинное значение того, что происходит с вами. Эта глава подскажет путь к решению задач в физическом мире форм.

Каждый человек имеет свои числа рождения. Они составляются из года, месяца и даты рождения.

1983 год, 4-й месяц, 5-й день.

Если теперь сложить каждую последующую цифру с предыдущей и привести к одинарному числу, то получим:

1 + 9 = 10 = 1

1 + 8 = 9

9 + 3 = 12 = 3

3 + 4 = 7

7 + 5 = 12 = 3

В данном случае 3 будет кармическим числом.

Подсчитайте свое кармическое число.

Каждому числу соответствует свое назначение и своя цель.

1

Начало пути. Построение платформы, которая станет отправным моментом будущей реализации. Этим людям надо определить, какие истинные ожидания, знания, умения создадут предпосылки для следующего этапа развития души. Настало время подумать и подытожить свои представления о смысле жизни и реальности всего происходящего.

2

Запасной путь. Настало время перепроверить, правильно ли выбран путь, по которому вы идете. Ваша жизнь наполнена возможностями изменить направление пути. Воспользуйтесь этим. Время проб и ошибок, с возможностью все изменить, выбрав правильное направление. Вы встречаете наибольшие сопротивления на пути, который не соответствует развитию души.

3

Коррекция. Сами события, подстерегающие вас на пути, корректируют ваш путь. Та платформа, которую вы выбрали в своей «1», начала давать плоды. Именно для вас реальным становится Закон Трех Предупреждений в корректировке выбранного пути, который говорит, что каждое последующее предупреждение все более тяжелое, чем предыдущее. Первое предупреждение бывает на уровне ментального тела (мысли и «случайные» сообщения).

Второе предупреждение — на уровне астрального тела (тела эмоциональных переживаний).

Третье предупреждение — на уровне физического тела (болезни, травмы, потери).

4

Соответствие нагрузки, взятой на себя, и истинных возможностей, которыми вы обладаете. Неправильная оценка собственных сил и возможностей приводит к остановке духовного развития. Перегружаясь, вы не оставляете время для развития души. «Жить, чтобы бороться с тяготами жизни» — вот ваш девиз, который приведет вас к понятию «напрасно прожитой жизни». Люди говорят: «Всех дел не переделаешь!» — и этому вы должны научиться. Души приходят на Землю не для того, чтобы зарабатывать на жизнь. На жизнь зарабатывают, чтобы жить и развивать свою Душу.

5

Свободное мягкое прохождение. Это время можно оценить как заслуженный отдых, чтобы набраться дополнительных сил и собрать все необходимое для успешного прохождения остального отрезка пути. Изучение истинного опыта человечества на пути реализации Души в мире форм — вот ваша задача. Без набора дополнительной энергии вам тяжело достанется следующий этап.

6

Построение дома. Домом является любое образование вокруг души. Научиться строить их, держать в полном порядке и знать механизмы их действия — вот задачи души на этом этапе. Если перечислить очередность этих домов, то получим:

Ментальное тело.
Астральное тело.
Эфирное тело.
Физическое тело.
Дом — квартира, место, где вы живете.
Семья.
Город.
Люди, объединенные с вами по национальному признаку.
Народ, населяющий страну проживания.
Человечество.
Земля с ее душой и кармой.

Освоение домов необходимо начинать с физического тела, далее расширяя эту шкалу в обе стороны. Любые нарушения в последовательности освоения «домов» ведут к нарушению жизнеспособности уже построенного ранее. Так, например, не научившись решать проблемы и создавать положительную карму в семье, человек не сможет создать крепкое и жизнеспособное «тело» народа, которым берется управлять.

Решая проблемы человечества и не решив проблемы своей семьи, человек занимается самообманом. В таком случае он заставляет окружающих зависеть от проявления своей «милости» и «немилости». Такой человек, заставляя окружающих верить в его величие, путем диктата и самодурства, только останавливает истинное развитие зависимых от него людей. Несомненно, что он нарабатывает негативную карму не только свою и своего рода, но и человечества.

7

Связана с риском. Здесь уместно вспомнить поговорку: «Семь раз отмерь, один отрежь!». Если душа прошла предыдущие этапы развития успешно, то для человека становится реальным путем к успеху такое отношение: «Или пан, или пропал». Риск окружает жизнь таких людей. Это необходимое звено развития. Отвержение устаревших концепций и норм, путь разведчика — вот их состояние. Если предыдущий путь пройден с потерей энергии, то их жизнь может превратиться в сплошные неудачи, депрессию, алкоголизм, наркоманию. В таком случае им необходимо научиться терпению и тщательной подготовке к любому шагу. Торопливость и скорость — не их метод.

8

Отдача долгов. Это реализация всех последствий негативной кармы, наработанной на прошлых этапах. Не только негативная карма дает свои последствия, это время реализации положительной кармы. Кармы, которая была создана всеми положительными ожиданиями, поступками в прошлых жизнях.

В физической жизни это проявляется как необходимость вовремя отдавать долги (физический, эмоциональный, ментальный). Любой долг, который вы должны отдать в назначенный срок, начинает забирать от вас энергию с момента неуплаты. Поэтому пролонгирование своих обязательств или своевременная расплата должны стать основным условием проживания. Сюда включается не только отдача материальных долгов, но и долгов общения, заботы и т. д. Ваши родители на своем жизненном пути потеряли много сил и здоровья. Они пытались дать вам все то ценное, что в их представлении было истинным. Научившись самостоятельно развивать свою душу, научите этому своих родителей. Не поощрение их болезней и беспомощности физического тела, а помощь в осознании того, за что они это получили, — вот истинная помощь от детей. Помните, что следующее тело мы получаем в таком состоянии, в каком оставили предыдущее. Неправильное использование тела, отношение к себе как к телу — вызывают разрушительные последствия, ценой которых порой является рождение в увечном, неполноценном теле.

Долгом можно считать и проявление излишнего кокетства, которое воспринимается окружающими как обещание контакта. Такое кокетство нарабатывает негативную карму, расплатой может стать рабство со всеми вытекающими последствиями. Изнасилование, побои и другие воздействия на тело во многом берут свое начало из неоплаченных обещаний физического контакта.

9

Девятка рассматривается как последняя расплата и снятие последствий негативной кармы, а также прохождение на следующий виток развития. Все душевные начинания, вся «база», заложенная развивающейся Душой в прошлом, реализуется здесь. О зрелости души можно судить по тем основным отношениям к себе как к душе и к миру, которые проявляет человек. Все незрелые ожидания и неведение проявляются на этом этапе как последствия негативной кармы.

Можно было бы еще очень много рассказать о каждой цифре, но это темы отдельных книг. Пока же мною даны основные представления, которые помогут определиться в отношении своего пути развития, что касается подсказок, то их здесь достаточно.

Глава 7

Карма рода и механизмы ее действия

«И женщина с ребенком на груди сказала:
Скажи нам о Детях.
И он ответил так:
Ваши дети — это не ваши дети.
Они сыновья и дочери Жизни, заботящейся о самой себе.
Они появляются через вас, но не из вас,
И, хотя они принадлежат вам, вы не хозяева им.
Вы можете подарить им вашу любовь,
Но не ваши думы,
Потому что у них есть собственные думы.
Вы можете дать дом им, их телам, но не их душам,
Ведь их души живут в доме Завтра,
который вам не посетить даже в ваших мечтах.
Вы можете стараться быть похожими на них,
Но не стремитесь сделать их похожими на себя,
Потому что жизнь идет не назад и не дожидается Вчера.
Вы только луки, из которых посланы вперед живые стрелы,
Которых вы зовете своими детьми.
Лучик видит свою цель на пути в бесконечное,
и это Он сгибает вас своей силой,
чтобы Его стрелы могли лететь быстро и далеко.
Пусть ваше сгибание в руках этого Лучика
Будет вам на радость:
Ведь он любит не только свою стрелу,
Что летит, но и свой лук, хотя он неподвижен.»

Х. Джебран. Пророк

КАРМА ЖЕНЩИНЫ И МУЖЧИНЫ

Девять месяцев мать и дитя составляют единое целое. Девять месяцев мать представляет собой Вселенную, где растет и развивается новый человек. Эта великая благодать, которую может испытать почти каждая женщина. Как уже говорилось, душа входит в тело во время зачатия. Процесс забывания прошлой жизни и накопленных знаний для многих происходит именно в этот момент. На пятом месяце внутриутробного состояния ребенок имеет возможность вспомнить себя. Для этого необходимо определенное состояние матери. Сейчас уже существует несколько направлений воспитания ребенка в маме. Так обучают музыке, языкам и так далее. Духовное развитие и процесс вспоминания ребенком себя может быть начат матерью под руководством опытного духовного учителя. Создание положительных зерен кармы для своего ребенка каждая мать может начать с момента зачатия. Ребенок прекрасно все слышит и получает через организм мамы информацию о людях и внешнем мире. Любое напряжение живота мамы дает возможность «запоминать» все происходящее. Сильно развитый инстинкт самосохранения, который помогает ребенку развиваться, записывает все модели поведения из жизни окружающих маму людей. Поведение того, кто сильнее, выносливее — записывается ребенком. Получение гармоничных впечатлений, встреча матери с прекрасным, добрым дает силы ребенку и радость от встречи с миром. Приняв же сигналы тревоги от маминого окружения, ребенок отбрасывает последние знания о гармонии Вселенной. Готовясь к войне на всю жизнь, вряд ли вы будете оставлять себе прекрасные незыблемые вещи. Необходимое оружие для ведения войны, еда и укрытие — вот что вам тогда будут нужны. Так и ребенок, если маму окружает неспокойная обстановка, добыча пропитания, ругань, крики, отбросит все остальное, забудет и оставит себе только вооружение от всего этого. Часто в семьях, где неспокойная обстановка, но терпеливая и молчаливая мама — рождается шумный и агрессивный ребенок.

Кармическая задача женщины — не только сохранить душу ребенка, но и дать силы мужчине. Мужчина и женщина — как тело и душа. Сохранение и развитие душевных качеств мужчины зависит от женщин, которые рядом с ним. Если карму мужчины можно охарактеризовать, как *охрана границ мира, разведка и освоение пространств,* то карму женщины сложнее охарактеризовать в нескольких словах. Сохранение и несение в себе сокровенных знаний человечества, объединение народов, мир и процветание — вот только несколько позиций из кармы женщины.

Ранее в этой книге уже упоминалось о том, что через чрево женщины передается информация на весь род. Сохранение чистоты — одна из задач женщины и оберегающих ее мужчин. Разрозненные половые контакты с разными партнерами оставляют энергоинформационный след в чреве женщины. Такие следы могут существовать годами. Вспоминание мужчины о женщине только укрепляет такой след. Природа позаботилась о наследственной информации. Каждый месяц женский организм очищается энергетически. В такие периоды вся негативная энергия изнутри организма вытекает на поверхность. Если женщина проводит такой период на природе, не занимаясь никакими делами, то энергетическая очистка может пройти успешно. Главное — набрать больше энергии во внешнем слое ауры, которая опять вернется в глубину организма. Любые физические действия или занятость в физическом мире будут работать за счет сокровенной внутренней энергии. С этим связано замедление мыслительного процесса и обучаемости женщин в период чистки. Лучше было бы эти 3–4 дня не тратить тонкой энергии, что принесло бы огромную пользу для всего рода и будущих детей.

5 Зак. № 611

Для многих мужей этот период у жены становится периодом дискомфорта на эмоциональном и физическом уровнях. Такие мужья через создание общего энергетического поля с женой проходят энергетическую чистку своего поля. Мой совет: не намечайте никаких важных дел, требующих энергетических затрат, на это время. Лучше всего, если вы сможете провести это время с женой на природе или получая другим способом положительные эмоции и чистую энергию Земли. Можете воспользоваться гимнастикой по системе цигун-терапии. Другие методы очистки для женщин можно подобрать, только учитывая все индивидуальные черты и особенности данной семьи. Прекрасная книга «Карма женщины, карма мужчины» Эль Тат, вышедшая в Санкт-Петербурге, поможет вам яснее ознакомиться с этим видом кармы.

ГЕНЕТИЧЕСКИЙ ФАКТОР И СУДЬБА

Нашу судьбу предрешает определенный, заранее запрограммированный генетический фактор, созданный в результате объединения индивидуальных полей отдельных людей под руководством «высшего разума».

Исследования в области психонервоиммунологии, проведенные в последнее время, доказали, что многие виды деятельности на уровне организма происходят на уровне общения клеток между собой без обязательного участия головного мозга. Некоторые генетические факторы действуют вопреки мозгу. Именно конфликт интересов и намерений, часто возникающий между требованиями энергетических полей, генетическими факторами и программой мозга, являются причиной большинства заболеваний и расстройств.

С другой стороны, психокинетические энергии, которые могут либо притягивать, либо отталкивать события, излучаются головным мозгом на подсознательном уровне. Психокинетический потенциал является собственностью скорее энергетических полей, а не генов или головного мозга, но для проявления психокинетического потенциала необходимо следствие на мозговом или генетическом уровне. На нашей планете одним из инструментов воспроизведения наследственной информации является человеческая культура. Именно подражание, имитация в культуре является единицей, несущей культурную информацию.

Каждый род, семья имеют своих родоначальников, которые заложили определенные устои семьи. Каждое седьмое и третье поколения вносят изменения в генетических код, сложившийся на основе культурно-исторических ценностей. Исторические события, такие, как смена верований (христианство, коммунизм, капитализм и т. д.), политические преобразования, оказывают огромное влияние на идеалы культуры. Опираясь на подобные идеалы и современные им представления о добре и зле, родоначальники (через воспитание подрастающего поколения) оказывают влияние на наследственную информацию. Таким образом, мы можем смело говорить о том, что, воспитывая в подрастающем поколении отношение к тем или иным культурным ценностям, мы можем влиять на кармические последствия. Отсюда берет свои корни желание передать детям все самое чистое, духовное. Семьи, несущие непосильный груз негативной кармы, учат детей выжить или вообще не занимаются их воспитанием. Понятие прекрасного, чистого, духовного переплетается с представлениями о любви. Ребенок, получивший в наследство духовную программу, основанную на культурно-историческом наследии, получил возможность справиться с негативной кармой рода. Даже в наше нелегкое время, связанное с драматическими эволюционными переменами, судьбу человечества предопределит то культурно-историческое наследие, которое оставляем мы своим детям и внукам.

Конфликт между поколениями возникает порой из-за необходимости изменить устаревшие взгляды на культуру для того, чтобы освободить путь развивающимся душам следующего поколения. Это очень трудный путь, отмеченный взаимоисключающим конфликтом Личности, подобно «чайке по имени Джонатан Ливингстон», открывшей для себя новые ценности в обществе, живущем старыми нравственными нормами и традициями.

Символ — это образ, вызванный из подсознания посредством ассоциативного «припоминания» давно прожитого.

В большинстве случаев человек обращается к этому символизму бессознательно, приспосабливаясь к жизненным обстоятельствам. При этом его поведение обусловлено генетической предысторией своей семьи, нации, расы. **Символ — это идентификатор, позволяющий человеку в кодах своего личного бессознательного определить, «кто есть кто» в его окружении.**

В процессе же индивидуального творчества смысловое значение символа не идентифицируется, а конструируется посредством духовного синтеза, являющегося глубоко интимным переживанием, которое не может быть предметом научения.

КАРМА РОДА И МЕХАНИЗМЫ ЕЕ ПЕРЕДАЧИ

Говоря о карме, определяют карму индивидуальную, карму семьи, карму рода, карму народа, нации, страны и места, где живет человек, карму планеты и общую космическую карму. Карма бывает не только отрицательная, но и положительная. Те законы, которые формируют одну из ветвей кармы, своими корнями уходят во взаимодействие всех видов карм. Отрицательная карма составляется из двух частей:

Первая часть – отрицательная карма, приходящая с человеком в момент рождения. Это карма, накопленная в прошлой жизни и обусловливающая своеобразную предрасположенность субъекта к отрицательным моментам в жизни.

Вторая часть – отрицательная карма, наработанная в процессе жизни. Это наши неблаговидные поступки, нереализованные планы, незавершенные действия. Все, что негативно проявляется по отношению к миру и Вселенной.

Все наши действия, мысли и поступки влияют на окружающий мир и естественный поток развития жизни на Земле. Понятие «Человек» не привязано только к одному физическому телу, а включает в себя более широкий смысл. **Человек – чело нашего Века – лицо, в котором отразились все положительные и отрицательные стороны Века.** Физическая плоть человека – это всего лишь защитная оболочка, удобная для современной жизни. При рождении, точнее, при соединении тонких тел, образующих личность, с материальным миром, создается плоть – прочность, пластичность и управляемость которой зависит от того сочетания кармических задач, с коими человек должен справиться в этой жизни. Если мы опускаемся на дно океана – то надеваем соответствующий костюм и берем снаряжение, которое поможет нам наиболее продуктивно выполнить задачу, для осуществления которой мы и спускаемся. Для похода в лес, на рыбалку, на пляж мы соответствующе и экипируемся. Так и наше физическое тело имеет необходимый запас прочности и все необходимое нам, чтобы справиться со всеми встреченными нам на пути жизни задачами.

Надо четко запомнить и понять следующее: ничего сверх наших сил и возможностей не дается нам в жизни. На любую поставленную в жизни задачу мы можем найти ответ, и у нас достаточно физических, энергетических и психо-эмоциональных сил для любого испытания в жизни, которое нам предоставляется. Главное — научиться пользоваться всем «оборудованием», которое встроено в нашу физическую оболочку. А в этом нам могут помочь родители, истинные учителя и люди, сами прошедшие определенные испытания и многому научившиеся.

Подобное притягивает к себе подобное. Так и карма души притягивается к карме того рода, который наиболее соответствует программе данной души.

Родовая карма передается по поколениям, усиливаясь в каждом третьем и седьмом поколениях. При наличии в семье нескольких детей она разделяется между ними, тем самым снимая часть порой непомерной нагрузки, пришедшей через поколение.

Существует представление, что передача осуществляется в основном по мужской или женской линии к ребенку соответствующего пола. Однако по собственному опыту, полученному в результате многолетней работы с кармой, я пришла к выводу, что это не имеет четкой закономерности. При рождении в семье первого ребенка родовая кармическая зависимость передается ему от обоих родов одновременно. Причем включение программы может произойти как во время внутриутробного периода, так и в течение первых лет жизни. При рождении второго ребенка карма отцовского рода передается одному, а карма материнского рода — другому ребенку. Пол и внешняя похожесть при этом значения не имеют. Третий ребенок наследует только общую предрасположенность родителей через их взаимоотношения и отношение к детям и жизни.

Именно поэтому в Святом Писании рассказывается о споре двух женщин, одна из которых называла вторую женщину бездетной, так как было у той только двое детей.

ЛЮБОВЬ, СТИРАЮЩАЯ НЕГАТИВНУЮ КАРМУ

Люди любящие, поднимающиеся на крыльях любви, растут через это. Любовь перестает быть взаимоотношением, она становится вашим состоянием, качеством. Вы не просто любите это и не любите то, вы просто становитесь самой любовью. Кто бы ни приблизился к вам, вы делитесь с ним. Что бы ни случилось, вы дарите ему свою любовь. Вы смотрите на окружающий вас мир как в лицо возлюбленной. Это становится вашим состоянием, вашим качеством. Вы не влюблены, вы — сама любовь. Любовь делает любящих все более и более свободными, любовь дает крылья, любовь открывает бесконечное небо. Она не может быть тюрьмой, заключением. Любовь должна давать свободу, любовь есть свобода. Когда вы сидите рядом с любимой, держите за руку любимого, вы просто есть. Вы не думаете о прошлом, о настоящем и будущем — вы здесь, сейчас. И это так ощутимо, так прекрасно — быть здесь и сейчас. Ни одна мысль не сможет проникнуть в это ощущение. В настоящем думать невозможно, мечтать невозможно, потому что мечты — есть не что иное, как мысли в картинках. И то, и другое — вещи, они материальны. Мысли — это тонкие вещи, они материальны; мысли не духовны, потому что измерение духовного начинается только тогда, когда нет мыслей. Мысли материальны, хотя и очень тонки, а всякой тонкой материальной вещи нужно место. Нельзя думать в настоящем; как только вы начинаете думать — это уже прошлое. Для того чтобы объединиться с миром, почувствовать всю красоту и многообразие вселенной, необходимо полностью раскрыться, раствориться в этом. Тогда не останется в вас места мыслям и времени. Вы станете всем этим. Это и есть любовь.

Когда вы сливаетесь с прекрасным уголком природы, вас переполняет состояние, о котором рассказать не хватит слов. Это так велико, что и мыслей не возникает определить *это*. Как только возникает мысль определить, охарактеризовать это — вы все теряете. Чтобы рассказать и определить — вы должны отделиться, отойти в сторону. Вы должны стать наблюдателем, а не действующим лицом. Став любовью, вам уже сложно рассказать о том, как вы любите — для этого вам надо перестать быть любовью. Тем более невозможно ответить на вопрос, за что вы любите? Все достоинства и недостатки — это и есть тот человек, который вызвал в вас это состояние. Поэтому и говорят: чтобы разлюбить, надо найти недостатки, то есть перестать быть любовью, отделиться от нее и посмотреть со стороны. Если это истинная любовь, сделать это вряд ли удастся. Если мы любим, мы не сможем описать возлюбленного. Его физическая оболочка для нас стала невидимой.

Мы учимся любви. Этот опыт нарабатывает душа с каждым приходом в последующее тело. Учимся чувствовать, а не оценивать. Общество нарабатывает стереотипы красоты, привлекательности, успешности, опираясь порой на негативную карму человечества. Пышные красавицы, наполненные силой материнства, уступают место длинноногим, безликим женщинам. Слишком длинные ноги и плоское тело не несут в себе силы материнства, они дают неустойчивость и лианоподобие. Такой эталон красавицы в наше время вызван негативной кармой человечества. Стремление быть привлекательными внешне, то есть соответствовать ныне существующему представлению о красоте, привело к тому, что у таких женщин нет внутренней наполненности, душевности. Их цель — стать собственностью, принадлежать мужчине, который за ее внешний вид, сексуальность будет ее обеспечивать и кормить. В таких вариантах не может быть речи о любви. Вы попадаете в сети такой «любви». Такая «любовь» стала сетями, рабством для обоих. Вашей свободе крылья подрезаны. Вы превратились в собственность, вы владеете и позволяете владеть собой. Вы становитесь вещью и превратили в вещь человека, в которого влюбились. И если настоящая любовь дает крылья и стирает негативную карму, освобождая душу от оков тела, то последняя только отягощает ее.

Чтобы «стереть» негативную карму, необходимо стать любовью. Вызывать же в себе чувства, похожие на любовь, для того чтобы простить, — это такая же ложь себе, как и уговаривание себя забыть обиду. Все вновь возвращается, вы продолжаете испытывать обиды и вините себя за это. Вам стыдно, что вы никак не можете простить. Вы чувствуете себя все более виноватыми с годами, но вы идете не тем путем. Все разговоры об искушении связаны с неумением стать прощением. Вы думаете, что прощаете, но в тот момент, когда вы это думаете, вы — посторонний наблюдатель, но не само прощение. Научитесь сначала становиться прощением, тогда вы приблизитесь к любви. Когда вы прощаете кого-то за что-то, вы возвеличиваете себя. В такие моменты вы становитесь над тем, кого прощаете. От вас зависит, простите вы или нет. Сказав «прощаю», многие продолжают помнить о том, что простили, а значит, не отпускают человека. Он в зависимости от вашего прощения. Много лет спустя вы даже можете припомнить ему: «Я тебя тогда простил, а ты...»

ВОЙНА И ЕЕ ПОСЛЕДСТВИЯ

Войны возникают не сами собой. Каждая война, или катаклизм, является необходимым кармическим очистительным действием. В периоды вселенского страдания, когда нет тихого укромного уголка, чтобы спрятать свое Эго, каждый переживает очистительный кармический вихрь. Этот вихрь срывает многие «личины» и дает душе власть над телом. В такие периоды происходит переоценка ценностей, в результате которой многие души переходят на следующий уровень развития. Сталкиваясь со смертью на каждом шагу, человек задает себе вопрос о справедливости происходящего. Что необходимо понять, чему научиться?

Во-первых, — это опыт самостоятельности, самостоятельных решений, которые принимает человек, опираясь на те душевные качества, которые уже наработаны.

Во-вторых, — это переориентация взгляда на себя. Восприятие себя не как тела, а как души.

В-третьих, — объединение людей в большие группы не по имущественному и социальному принципу, а по принципу народа, нации. Все территориальные разделения на своих и чужих создают предпосылки для начала военных действий.

В-четвертых, — это ознакомление с культурными ценностями других людей, для внесения необходимого изменения понятий добра и зла в свои семьи.

Неизбежны ли войны? Причины для их возникновения исходят от каждой семьи и базируются на нежелании меняться и совершенствоваться. Развивая себя, идя по пути духовного совершенствования, мы создаем положительную карму человечества.

Цепляние за сложившийся взгляд на жизнь, устаревшие символы добра и зла привели многие семьи к потерям на войне.

Многие семьи пережили серьезные потери и ужас военного времени. Тяжелый груз вдовства пал на плечи еще молодых женщин, готовых к радости жизни и любви. Война лишила их надежды построить семью и поставила на путь преодоления ее тяжелых последствий. Так часто происходит в жизни. Люди строят по крупицам свое материальное счастье и благополучие, и вот, когда осталось совсем немного, — все рушится. Ища покоя в уютном физическом мирке, человек все дальше уходит от себя как душа. Таким образом он порождает причины негативной кармы, следствиями которой становятся разрушения и потери.

Нужно было выжить и вырастить детей. Женщины стали «сильными», стали надеяться только на себя. Они растили своих детей, не зная женской радости, помощи, мужского плеча. Любя детей, они и их научили быть стойкими и самостоятельными, но тоска о погибшем муже, память о его ласках и внимании подсознательно отложилась и в сердцах их детей. Дети создали свои семьи, появились внуки. Только теперь отголоски войны коснулись маленьких внуков. Испытав все тяжести войны, голод, лишения, бабушки и дедушки пытаются создать максимально удобный физический мир. Если они перенесли голод, то пичкают ребенка едой. У них всегда припрятан лакомый кусочек для любимого внука. Они боятся увидеть его голодным. Копят всевозможную одежду и другие вещи, недостаток которых испытывали во время войны. Ребенок, получивший через поколение программу деда (а именно третье поколение несет следствие негативной кармы), начинает вызывать опасения родителей. Он может теряться, часто плакать, болеть. В возрасте, когда погиб дед или пропал на войне, с таким ребенком случается беда. Это могут быть травмы душевные или физические, преследования, гибель. Страх потери перешел ребенку по наследству и был усугублен созданием физических благ.

Пример. На прием приехала семья. Молодая женщина с годовалым ребенком и свекровь. Муж занимался бизнесом, и все шло хорошо, но неожиданно он пропал. Проработав с кармической программой их рода, выяснили, что отец свекрови пропал на фронте, когда дочери было около года. Девочка Н. росла одна с матерью. Мать много работала, девочка видела ее только поздно вечером, уставшую и обессиленную. Девочке не хватало ласки и внимания матери. Н. выросла и благополучно вышла замуж. Родившемуся сыну уделяла много внимания и для этого Н. не работала. Сын вырос и женился. Став бабушкой, она начала бояться, что ее внук останется сиротой. Ей постоянно казалось, что родители уделяют мало внимания ребенку. Она окружила внука своими заботами и постоянно критиковала «молодую» за неумение смотреть за ребенком. Когда пропал сын Н., первое, что она произнесла, было: «Я так и знала...».

Выполнив все необходимые действия и поняв причины случившегося, семья создала необходимые предпосылки для возвращения пропавшего. После программы реабилитации физического состояния он вернулся к своей семье. Бабушка изменила свои отношения с невесткой и спокойнее стала относиться к внуку.

РЕВОЛЮЦИЯ И СТАЛИНСКИЕ РЕПРЕССИИ

Многовековая культура, наработанные семейные устои, планы людей на годы вперед — все это рухнуло в один день. Любая революция равнозначна стихийному бедствию и войне.

Глобальное отрицание наработанных устоев, проявляющееся как разрушение, более свойственно подростковому возрасту, чем тем людям, которые развиваются как душа и которые накопили достаточно опыта на этом пути. Освобождая себе жизненное пространство, подросток разрушает сложившуюся цепь символов, но не сами символы. Подростковый период в жизни человека связан с проверкой надежности того взрослого мира, в котором ему предстоит занять свое место. Те символы, что показали свою надежность, становятся базой роста для будущего взрослого человека. Отрицание же всех символов без разбора свидетельствует об отсутствии духовной программы. Именно поэтому не наполненный программой развития для души скелет «светлого» будущего общества, внесенный революцией, так и не приобрел жизни. Как ни строили его физическое тело, он, не имея души, разлагался.

Революция – это очень тяжелая страница в жизни нашего народа. Чаще всего тяжелые ситуации в современных семьях уходят своими корнями именно сюда. Как уже было сказано, закон кармы наиболее сильно проявляется в третьем, седьмом и девятом поколениях. То, что было скрыто или наработано дедами, проявляется через поколение в жизни их внуков. Тяжелые события, потери, вызвавшие сильные переживания, записываются в информационном поле данного рода (эгрегор рода) и притягивают похожие негативные ситуации в жизнь для их внуков. Закон кармы служит для развития и роста души. Такие повторения негативных ситуаций обыкновенно дают возможность переписать историю рода или усугубить последствия негативной кармы.

Третье поколение участников революции попадает на военный период. Можно даже говорить о том, что война явилась кармическим продолжением революции. Период же сталинских репрессий, по закону третьего поколения, приходится как раз на наше время. Большое количество людей, лишенных в последнее время материального благополучия, имеют предков, пострадавших в те тяжелые дни. Потомки тех бабушек и дедушек, которые довольно спокойно прожили те дни, сейчас процветают и обеспечены спокойной жизнью на ближайшее будущее.

Люди, работающие на земле, знающие, как создать сад, вырастить урожай, могли хорошо все это делать. Иначе бы дореволюционная Россия не славилась своими урожаями. Все было разрушено, насильственно изменено, уничтожено.

Отрицая всю цепь символов, стали отрицать и сами символы. Выплеснули ребенка вместе с водой из купели. Вспомним, что карма рода меняется путем замены и преобразования цепи символов. Для сохранения и развития положительной кармы рода необходимо сохранять связь со своими корнями. Именно об этом говорится в Святом Писании: «Почитай родителей...» Навязанное отречение от своих корней, отречение от построения семьи, отмена и пересмотр в дальнейшем института семьи и брака — все это стало причиной ослабления связи с положительной кармой своего рода.

Во время революции люди испытывали постоянный страх и подвергались преследованиям по поводу сытой жизни, хорошей одежды, интеллигентности, хорошего образования, культуры речи и поведения. Все это создало зерна причин, следствия которых преследуют нас повсеместно.

Мы порой не осознаем, откуда все это и почему мы опутаны сетью страхов, связанных с обеспеченной жизнью, ведь мы все делаем для нее. Не всегда обеспеченная жизнь мешает развиваться душе. В тех случаях, когда человек живет не для того, чтобы зарабатывать деньги, а зарабатывает, чтобы иметь больше свободы для развития души, — обеспеченная жизнь соответствует программе души.

Пример. Женщина К. обратилась за помощью. Ее муж, умеющий работать и честно зарабатывающий деньги, постоянно их теряет. Если бы не повторяющиеся потери, он давно мог бы купить квартиру. Семья живет в комнате. Постоянные стычки с соседями, невозможность поставить пианино для талантливого ребенка. Все это волнует семью. Каждый раз мужчина копит деньги на квартиру и вкладывает их куда-то. И каждый раз компания, в которую он вкладывает свои деньги, крадет их. Он с поразительной точностью определяет очередных обманщиков и вносит свои деньги. Не стоит здесь перечислять всем известные названия, где пропали деньги не только этого человека.

Построив древо его рода, выяснили, что перед революцией его прадед копил деньги, чтобы купить дома всем детям. Он много работал, экономил и собирал деньги как приданое. Все деньги у него были конфискованы революцией, и семья осталась в стесненных условиях.

Теперь мой клиент тоже собирает деньги на улучшение жилищных условий. Мотивация его предка стала и его мотивацией. Его прадед хотел отделить своих детей и в этом видел основную цель. Развитие души ребенка, передача ему духовных и душевных ценностей — не входило в его планы. «Мы вас кормили, одевали, теперь вы выросли и давайте сами...». То же самое говорит мужчина своему ребенку теперь.

После выполнения определенного задания по изменению кармы квартиру купили. Отец больше не хочет самоустраняться от воспитания ребенка. Долгожданное пианино заняло свое место в их доме. Посещение всей семьей концертов стало их семейной традицией.

Не только проблемы, связанные с благополучием семьи, уходят своими корнями к революции. Проблемы здоровья, лишнего веса зачастую имеют зерна причин именно там.

Как-то за помощью обратилась женщина по поводу лишнего веса. Она уже испробовала на себе много методик похудания, голодала, но постоянно возвращалась в исходную позицию. Причем с каждым разом она набирала на полтора килограмма больше, чем до этого.

Построив кармическое дерево ее рода, выяснили, что ее семья была подвергнута жестокому раскулачиванию. Обвинения, звучавшие тогда в адрес ее бабушкам, были следующие: «Посмотрите на себя, как объелись, какие жирные стали...».

После раскулачивания семья потеряла все. Всю семью и пятерых детей вывезли зимой в Сибирь. Товарные составы, наполненные такими же раскулаченными семьями, выгрузили вдали от населенных пунктов. Сильные родители, которые знали и не боялись любой крестьянской работы, выжили и сохранили старших детей. Двое маленьких погибли от холода. Остальные дети, уже приученные к труду, помогали своим родителям. Все они были крепкими, здоровыми людьми, очень любили природу и складывали песни про нее. Зависть бездельников сгубила их. Через много лет, уже после войны, одна из дочерей вернулась в родительскую деревню и осталась там жить очень бедно. Вторая сестра поселилась в городе и постоянно посылала посылки и деньги в деревню сестре. У обеих сестер были семьи и дети. Обе сестры ругали и преследовали своих детей за малейшее увеличение в весе и за округлость в теле. Чем больше сглаживалась угловатость детского тела, тем тяжелее и усерднее заставляли они работать детей по дому. Никакого отдыха и песен в их доме уже не было. Старшая сестра в городе не могла жить в достатке, так как отправляла все голодающей сестре в деревню. Ей никогда не приходило в голову спросить сестру, куда деваются все вещи и продукты, которые она посылает. Младшая же сестра все посылки сразу раздавала всей деревне. Дети обеих сестер всегда были одеты хуже всех. Их постоянно заставляли работать по дому. Вечные уборки и ремонты силами детей привели к тому, что дочь старшей сестры в 26 лет весила 46 кг. И носила одежду 40-го размера. Мать и тетка продолжали говорить, что она разъелась. Девочка уехала от них учиться и работать в другой город. Ее достаток стал расти вместе с ее телом. Муж постоянно упрекал ее за вес и оставил ее с ребенком без материальной помощи, считая, что она и без того хорошо живет — «вот какая разъелась...»

После проработки соответствующей программы, позволившей ей осознать причины, клиентка приобрела нормальный вес и устроила свою личную жизнь. Добрый и заботливый человек взял на себя заботы об обеспечении ее с дочерью.

Потеряв все наработанные веками «символы», революция потеряла связь и поддержку с духовно-историческими корнями России. Неустойчивое, безбазовое состояние рождает страх. Такие страхи и привели страну к культу личности. Все, что имело связь с культурно-историческими символами страны, вызывало страх, следствием которого стали репрессии. Эти репрессии захватили все рода, не потерявшие ценности духовного совершенствования. Люди, испытавшие на себе все беззаконие сталинских репрессий, сумели сохранить и выкристаллизовать те ценные «символы», которые создают благодатную почву для положительной кармы России.

Однажды женщина обратилась за помощью, чтобы снять последствия трагедий и найти возможность жить дальше.

Ее сын погиб в автокатастрофе, а через месяц застрелили мужа (заказное убийство).

Построив кармическое дерево ее рода, выяснили, что до революции ее дед был интеллигентом. Этот порядочный, добрый и честный человек очень любил семью, и семья отвечала ему тем же. Достаточно спокойно пережив революцию, он попал в первый поток репрессий вместе с женой. Супругов забрали в тюрьму, а их восьмилетний сын с младшей сестрой на руках остались одни. Через месяц их выпустили и, чтобы дети меньше страдали, супруги развелись. Мужа сажали еще дважды, последний раз он уже не вернулся. Много позже он получил посмертную реабилитацию. Жена вскоре после отречения от мужа стала «странной» — заболела головой. Мальчик в одиннадцать лет ушел из дома в «семью» воров. Он стал вором-рецидивистом. 18 лет он провел в тюрьмах, поэтому советская власть перестала его преследовать как сына «врага народа». Позже он рассказывал своей дочери, что законы того воровского мира были иными, чем теперь. Становящийся вором-рецидивистом не имел права копить деньги, иметь свой дом, семью. Все деньги спускались в загулах и на красивую одежду. После многих лет такой жизни он решил оставить ее. Тогда достаточно спокойно отпускали. Он хотел создать свою семью, дом. Устроился работать на завод, полюбил женщину. Быстро став хорошим, добросовестным работником, он завоевал авторитет среди рабочих. Два любящих сердца построили свой дом и прожили счастливо в любви и согласии. Их дочь росла, защищенная от всех невзгод родителями. Они были для нее святыми людьми. Очень честный и порядочный, справедливый отец и любящая мудрая мать. Девочка выросла и вышла замуж за одноклассника. Во время беременности муж перестал жить вместе с ней, но продолжал помогать. Двойняшки, мальчик и девочка, появились на свет. Через несколько дней девочка умерла. Ее бывший муж постоянно помогал и оберегал ее. (Все пережитое ее бабушкой и отцом стало повторяться в ее судьбе.) Ее бывший муж занимался с сыном, но не жил с ними. Став «признанным авторитетом» в городе, он вел свою жизнь, которая не затрагивала его семью. Затем авария, когда отец с сыном возвращались из бани. Сын погиб в одиннадцать лет (в этом возрасте его дед ушел из дома). Через короткое время — известие о смерти мужа.

Все, что случилось с этой женщиной, является следствием тех политических ситуаций в стране, что называем мы «репрессиями».

Построив кармическое дерево этого рода, удалось найти потерянные «символы», создававшие положительную карму семьи. Работа с этими «символами» помогла изменить жизнь этой женщины. Силы жизни, заложенные в этом роду, пришли к женщине. Сейчас она начинает новую жизнь с любящим и чутким человеком, окружившим ее заботой и вниманием. Она еще достаточно молода, и дай Бог, может, еще положительная карма ее рода поможет ей иметь ребенка и испытать всю радость материнства.

СТРЕССЫ И ИХ ПОСЛЕДСТВИЯ

В жизни каждого человека бывают минуты, когда кажется, что больше от жизни ждать нечего, все уже было пережито в прошлом и теперь следует только крепиться, терпеть и доживать остаток своих лет. Тогда многие говорят: «Так у всех!» — и этим пытаются успокоить и поддержать себя.

В детстве взрослые нам рассказывают и читают так много сказок. Потом, вырастая, ребенок начинает читать сказки сам. «В некотором царстве...» — а заканчиваются многие сказки свадьбой и словами: «И жили они счастливо, и умерли в один день». На сказках формируется детский опыт жизни. Ребенок приучается реагировать тем или иным образом на ситуации, нарабатывается опыт жизни. Но давайте посмотрим, чему мы научились из сказок. Сначала герой идет искать счастье в тридевятое царство, преодолевает трудности, встречается с врагами, злом, колдовством, сталкивается с предательствами — проявляет мужество, хитрость. Наконец все кончается свадьбой и пиром. Так много всяких подробностей страданий, испытаний, здесь есть чему поучиться. Но что такое «и жили они счастливо», — это как? Встречали ли вы подробное описание счастья в сказках? Модель поведения понравившегося героя остается в нашем подсознании на всю жизнь. Мы, сами того не подозревая, пытаемся жить, как наш герой. Преодолеваем трудности, страдаем, боремся, но дальше-то что? Когда придет это самое долгожданное: «и жили они счастливо...»? Каждая девушка мечтает о принце, который ради нее совершит подвиг, затем свадьба, пир. Она в красивом платье, вокруг праздник, а вот как дальше счастливо жить? Про «умерли в один день» все понятно. Вот и получается для многих, что свадьба становится началом умирания.

Каждая сказка является для нас культурно-исторической цепью «символов». Складываясь в определенное время, она несет на себе его отпечаток. Те ценности построения семьи и быта, которые так знакомы были тогда и поэтому в них не было ничего сказочного, были утеряны. Остался только путь к ним, указанный в сказках. Страна, перенесшая так много войн и революций, потеряла «символы» долгой счастливой семейной жизни. После десятилстий, прошедших в борьбе за выживание и сохранение своих детей, основным «символом» стала сытая жизнь в доме, где ничего не рушится. Многие люди так и не прожили ни одного дня, не «борясь с жизнью». Для того чтобы жить счастливо, в любви и радости, надо, наконец, перестать бороться с жизнью. Ожидание тяжелых времен, голода, войны, лишений притягивает их. Наша мысль материальна. Созданная однажды, она продолжает подпитываться энергией создателя. Все прекрасно знают то состояние, когда мысли не дают покоя, тревожат, отбирают силы. Существуя в пространстве вокруг создавшего их человека, они становятся теми зернами, из которых вырастает карма.

Если определить *стресс* как реакцию на невозможность, принять опыт и понять, почему это произошло, то становится ясна его связь с кармой.

Сейчас много говорят о стрессах, которые получает человек. Следствиями стрессов становятся психофизиологические нарушения. Порой последствием стресса становится блокировка организма, нарушения обменных процессов, сопровождающиеся депрессивным состоянием и нежеланием жить. Чтобы разобраться в причинах, приведших человека к стрессовому состоянию, необходимо остановиться.

Многие люди постоянно живут между прошлым и будущим. Они убегают от страхов и нерешенных ситуаций в прошлом и для этого планируют свое будущее. Вчера вы думали о сегодня, потому что это было «завтра»; теперь «сегодня» наступило, а вы думаете о завтра, и когда придет завтра, это снова будет «сегодня» — ибо все существует здесь и сейчас, оно не может существовать иначе. Научитесь быть в настоящем моменте. Поместите в этот момент все свое существо. Прошлого больше нет! Зачем вы беспокоитесь о прошлом? Все, что произошло в прошлом, уже произошло. Ничего нельзя изменить в своем прошлом, оно уже прошло. Как много людей, живущих с памятью чего-то, что было. Вина за те события не оставляет человека. Постоянно возвращаясь к этой памяти, человек пытается исправить его. Живя памятью прошлого, человек не находит времени жить в настоящем.

Слово «грех» первоначально означало «потеря, промах». Корень слова «грех» в еврейском языке означает потерю, утрату. Он содержится в некоторых английских словах: *misconduct, misbehavior* (дурное, недостойное поведение, проступок). Упустить возможность согрешить, — значит, не быть здесь и сейчас, т. е. находиться мыслями в другом месте. Если вы разговариваете с человеком, а он думает о чем-то своем, его здесь нет. Втаком случае вы обижаетесь, считаете это неправильным, несправедливым. Как же отнестись к тому, что многие живут в своем прошлом?

Часто в своей жизни человек прикрепляется к моменту переживания в прошлом. Такое переживание мы называем стрессом. Незавершенное дело (так, как хотелось) оставляет горечь неудачи, вины и сожалений. Человек не может отпустить свою вину, принять, что в тот момент у него еще не было возможностей выполнить все, как хотелось. Иногда такие обстоятельства закладывают причины для вашего дальнейшего развития. Благодаря неудаче человек понимает свое несовершенство, и это дает ему осознание направления своего развития.

Ребенок сталкивается с невозможностью заинтересовать собой взрослого человека. Взрослый рассказывает о путешествиях и новых людях. Испытав разочарование — никто не обращает на него внимания, так как увлечены слушанием рассказа, — ребенок получает «причину» его реализации в мире людей. Все его устремления будут теперь направлены к приобретению знаний, которые дадут ему возможность путешествовать, чтобы быть интересным. И это путь развития.

Таким толчком к развитию может послужить даже болезнь или потеря близкого человека.

Врач, спасающий многих людей от страшных болезней, может вырасти из ребенка, не сумевшего облегчить страдания своей больной матери.

К сожалению, можно встретить много обратных примеров. Многие люди похожи на корабль, который давно отплыл от причала, но забыл поднять якорь. Все усилия двигаться дальше тормозит якорная цепь. Такие люди не могут развиваться, их тянет назад, в прошлое, память стресса.

Женщина винит себя за то, что не оказалась вовремя у постели своей умирающей матери. Ей кажется, что она смогла бы тогда все изменить и ее мать осталась бы жива. Она не смогла поехать к матери, так как не с кем было оставить маленького ребенка. Сидеть же в больнице у постели матери с ребенком невозможно.

Теперь рядом с ней ее дети, которые нуждаются в ее помощи и внимании, но не получают их, так как их мать живет прошлой виной. Что будет с этими детьми? Не занимаясь с ними, мать не передает детям положительную карму рода. Их опыт крайне негативен. Ненужные своей матери, они получают на будущее программу быть интересными, только болея. Только заболевая, они привлекают заботы матери. Когда они здоровы, она перестает интересоваться ими.

Мы не будем разбирать здесь, почему в этом роду сложилась подобная ситуация. Будущее каждой семьи строится в данный момент. Необходимо «поднять якорь», отпустить свою вину для того, чтобы жить настоящим, передавая детям весь тот культурно-исторический пласт, который и создает положительную карму.

РЕВНОСТЬ И ЛЮБОВЬ

Чтобы ваша жизнь была наполнена радостью и счастьем, чтобы каждый новый день приносил вам новые радостные изменения, необходимо самим научиться управлять своей судьбой. Для этого необходимо последить за своими реакциями на определенные события.

Что бы ни случилось в вашей жизни, никогда не обвиняйте окружающих и не закрывайтесь.

Когда человек радуется, ему хочется обнять весь мир. Невозможно радоваться тихо в уголке. Радость переполняет вас, она стремится просочиться через ваши глаза, рот, дыхание. Попробуйте удержать смех. В состоянии радости человек становится всем миром, он становится центром радости. Он един со всеми. Радость переполняет все существо и не оставляет места никакой мысли.

Страдание, уныние — совсем другое. Плача и страдая, человек хочет спрятаться, закрыться от всех. Видели ли вы человека, который выходит к людям, чтобы поплакать от горя? Страдая, плача, человек закрывается, уходит. Он становится разобщенным с этим миром. «Выходя, отделяясь» от мира, человек может обвинять всех, чувствовать себя ненужным, одиноким. Говорят: «Уныние — служба Сатане», — в этом есть смысл. Желание выдвинуться, сыграть главенствующую роль, противопоставить себя силам света породило Сатану. Ощущение одиночества, ненужности, брошенности порой испытывают люди, впавшие в уныние. Такие люди хотят, чтобы кто-то пришел к ним. Они хотят получить подтверждение своей ценности, значимости.

Ревность и любовь — чувства полярно противоположные. Там, где есть ревность, не может быть любви. *Ревность* — это признание своей неспособности иметь определенные качества. Такие люди ощущают себя жертвами, поэтому делают жертвами своих близких. Ревнуя, они угнетают в близком человеке ту способность, которой не обладают сами.

Как односторонняя улица, ведущая в тупик, ревность ведет не только к очередным неудачам и разочарованиям. Она с навязчивостью овладевает нами и строит необъяснимые, иррациональные границы между нами и теми, кто нам дороже всего. Это чувство считается в обществе вполне приемлемым, хотя обычно люди сожалеют о его проявлении. Некоторым ревность кажется вполне адекватным «романтическим» стилем поведения. Сколько раз вам доводилось слышать: «Раз не ревнует, значит, не любит!»

Ревность — эмоция, трудно поддающаяся контролю, поэтому она приносит большую боль. Боль становится причиной страха. Страх приводит к гневу, а из гнева выкристаллизовывается ненависть как к тому, кем больше всего хочется обладать, так и к себе самому за отсутствие гибкости и необходимость тотального контроля. Одиночество и опустошенность, оставленные в наследство любимым человеком, — очень неприятные чувства, но они становятся эмоциями, полностью захватывающими вас и не поддающимися сознательной регуляции. Именно в этом и заключается ревность: невозможность контролировать свои собственные эмоции вследствие невозможности контролировать чувства другого человека. Она отдаляет вас от цели, к которой вы стремитесь столь страстно: быть желанным теми, кого желаете вы. Ревность — опасный яд, который распространяется, как огонь. Для многих она становится смертельной болезнью. Она убивает самооценку. (Не является ли ревность сама по себе первым симптомом низкой самооценки?) Она похожа на хирурга, который способен совершать только одну операцию: лоботомию.

Когда вы рядом с людьми, которых желаете, вам кажется, что вы способны реализовать свое истинное предназначение только в том случае, если они полностью откажутся от своей жизни и своего авторитета в вашу пользу.

Молодой человек, необщительный и нелюдимый, влюбляется в девушку. Она — душа компании. Веселая и уживчивая, она привлекает к себе людей. Юноша угнетает ее сценами ревности. Он упрекает ее. Всячески показывая, что ее общительность — это нехорошо. Делая ее своей собственностью — «моя девушка», он не дает ей общаться с другими юношами. Проявления его ревности приводят к тому, что девушка перестает общаться с людьми. Такие высказывания, как: «Кому ты нужна?..», «Ты не женщина...», «Да что ты из себя представляешь?..» — обычно сопровождают такие сцены ревности. Девушка сдается, теперь она тоже стала необщительной и замкнутой. Мужчина, а скорее всего он уже стал ее мужем, чувствует себя более общительным и интересным. Он еще некоторое время будет чувствовать себя лучше своей жены, но потом наступит разочарование. Он опять почувствует себя жертвой. Обвинения посыпятся на жену с новой силой. Ему понадобится опять кто-то, обладающий недостающим у него качеством. Развод, возможно, поможет его жене освободиться и вспомнить себя.

Можно выделить следующие типы ревности.

- Ревность к успеху другого человека.
- Ревность к внешнему виду.
- Ревность к общительности.
- Ревность к хорошей жизни.
- Ревность к тому, что любили родители.
- Ревность к таланту.

Последите за собой, испытываете ли вы ревность? Не путайте ревность и зависть. Испытывая зависть, человек пытается приобрести это качество или вещь. Он не соглашается с тем, что этого у него никогда не будет. Ревнующий же, не имея сам, заставляет отказаться от этого качества другого. Необходимо понять, что вы такой, какой есть. Вы — это вы. В каждом человеке заложена как положительная, так и отрицательная карма рода. Если природа не дала вам привлекательного вида или конкретного таланта, она дала вам то, чего нет у других. Если у человека ослаблено зрение — обостряется слух. Отсутствие слуха компенсируется повышенной тактильной чувствительностью и т. д. Если вы не можете быть интересным собеседником, найдите в себе то, что компенсирует это. Так, многие женщины, не привлекательные внешне, обращают на себя внимание интересным глубоким внутренним миром. Так можно встретить много молчунов с золотыми руками и доброй душой. Найдите в себе то качество, которое делает вас неповторимым. Нет бездарных людей. Есть люди, не открывшие себя!

МАНИПУЛИРОВАНИЕ СМЕРТЬЮ И БОЛЕЗНЬЮ

Старые представления, внедренные еще во времена раннего христианства, о жизни на Земле как откупе за хорошую жизнь в раю, привели последующие поколения к жизни, полной ожидания смерти. Даже не столько ожидания, сколько «заслуживания» праведной смерти.

Последующие войны, гибель многих и многих и захоронение их в братских могилах. Беспокойство о том, что хоть бы найти погибшего, чтобы похоронить его по-человечески, предать земле, привели к образованию и закреплению страха безвестного погребения. Несколько поколений стали жить под страхом, что их некому будет похоронить, не хватит денег на погребение или похоронят, не одев смертной одежды. Таким образом, жизнь многих превратилась в подготовку к смерти. Таким людям стало некогда жить и радоваться жизни, они всю свою жизнь превратили в зарабатывание заслуг перед близкими и родными, а иногда и всеми остальными людьми, чтобы их похоронили по-человечески. Для этого используется всевозможное накопление: деньги, мебель, вещи, дача, машина, добрые дела. Чтобы не забывали о них, говорят фразы типа: «Я тебя родила, кормила, одевала, а ты...», «Я всю жизнь посвятил вам, а вы не цените» и т. д. Все это превращает жизнь их детей в ад. Они вынуждены всю свою жизнь платить «по счетам» своим родителям. Все, что они делают для своих родителей, не является импульсом их души. Они поступают так из чувства долга. Во всем этом остается одно сомнительное состояние — при чем тут любовь? Вместо настоящей любви родители учат расплачиваться по счетам за содеянное. Получается сплошная торговля. При этом еще ссылаются на Бога. Но ведь Иисус выгонял торговцев из храма Господня. Как могут родители думать и говорить о том, что они сделали все, чтоб их дети были счастливы? Как можно быть счастливым, не умея любить?

Окружающая жизнь каждый день дает нам подтверждения того, что многое уже в нашей жизни оценивается деньгами. Потеряны уже многие душевные человеческие качества, уходит тепло встреч, сострадание, любовь. Может, пора остановиться, чтобы не превратиться в бездушных роботов со счетной машинкой вместо сердца. Вспомнить о том, что если есть настоящая любовь и теплые чувства друг к другу, то и забота друг о друге становится душевным порывом, приятным действием. Необходимо научиться жить для жизни, а не для смерти. Научиться видеть повседневную красоту, жить здесь и сейчас. Так часто получается, что хорошее, счастливое воспоминание о том, что было, человек проносит с собой всю жизнь. Жить для заслуг — это значит не видеть того счастья, которое нам предлагает жизнь на каждом шагу. Отбросьте старые счастливые воспоминания с тоской об их потере и научитесь быть счастливыми постоянно. Только тогда вы будете встречать хороших людей, свою любовь. Отрицание того, что вы сможете встретить любовь еще раз, что на этой земле есть человек, с которым вы еще раз можете быть счастливы, приводит вас к тому, что вы не видите его.

Н., 45 лет, обратилась по поводу конфликтов в семье. У нее частые сильные головные боли, периодически кажется, что умирает. Разобрав ее ситуацию, выяснила, что всю жизнь она прожила со своей семьей у родителей. Бабушка (ее мама) руководила жизнью и финансами всей семьи, никогда не работала. Часто бабушка упрекает всех и Н. в том, что всю жизнь посвятила им, отказалась от карьеры, не щадит своего здоровья, только чтоб в доме все было. Квартира заставлена «престижной», по мнению бабушки, мебелью, которую она купила на деньги мужа и дочери. Семья дочери живет в одной комнате, тесно. Бабушка готовит, убирает во всей квартире и никому не дает это делать. В результате все вынуждены есть ту пищу, которую не хотят. Никто, кроме бабушки, не чувствует себя свободно дома. Нельзя ничего переставить или убрать без разрешения бабушки. Н. пробовала объяснить своей матери, что им мешает мебель, но бабушка устраивает скандалы, упрекает, что ее не ценят, и грозит своей смертью, при этом говоря, что ей от них даже памятника на могиле не надо. Проработав с кармой предков, сняли последствия ситуации в третьем поколении по линии бабушки. Большая семья, много детей. Отец погиб на фронте. Нечем жить, все вещи продали и дети разъехались на заработки. Мать умерла одна в полной нищете.

Проведя необходимую работу, изменили ситуацию в семье. Прекратились скандалы, головных болей больше нет. Тяжело уступала бабушка фронт своих работ по дому, но поняла, что она нужна всем не для того, чтобы выполнять дела, а просто как близкий человек. Это изменило отношения, дало представление о любви и росте душам.

ФОРМИРУЙТЕ СЕБЯ САМИ

Каждый незначительный поступок оказывает свое влияние на характер. Некоторые из тенденций к действию, существующие в человеке в данное время, являются результатом сознательного или разумного выбора со стороны самого человека. Сознательные поступки имеют тенденцию стать подсознательными привычками, и нет ничего противоестественного в том, что подсознательные стремления, которые мы обнаруживаем в себе, рассматриваются как результат прошлых сознательных поступков. До тех пор, пока мы своей деятельностью преследуем личные интересы, мы подвергаемся воздействию закона связанности. Когда же мы выполняем бескорыстную работу, мы достигаем свободы от негативных последствий кармы.

В Упанишадах сказано: «Пока вы живете таким образом, нет способа, которым карма могла бы связать вас». То, что привязывает нас к цепи рождения и смерти — это не действие как таковое, а именно эгоистические желания. В то время, когда человек с радостью перекладывает все бремя ответственности за свое положение на провидение, звезды или какое-то другое существо, доктрина кармы утверждает, что «человек связывает самого себя самим собой, как птица связывает себя гнездом».

Над нами владеет не темная судьба, а наше собственное прошлое. Страдания — это расплата за грехи и нежелание измениться. Карма, правильно понятая, не расхолаживающая моральные усилия, не связывает разум и не сковывает волю. Она только говорит, что каждое действие является неизбежным следствием предшествующих ситуаций и вашей реакции на них. Для того чтобы человек был свободным, его поступки должны быть выражением не просто силы привычки или воздействием внешних обстоятельств, а свободы внутренней сущности, которую мы называем душой. Материальные силы мира должны подчиняться духовным правилам, и, следовательно, закон кармы должен подчиняться свободе духа.

Когда действия человека нарушают какие-то законы Вселенной, когда человек какими-либо действиями разрушает себя, окружающий мир, пространство, образуются кармические связки, возникают кармические проблемы. Эти кармические связки могут стать причиной болезни, неудачи в делах, несчастий. Ваши мысли, желания, страхи, обиды могут стать причиной, разрушающей окружающий мир и изменяющей судьбы ваших близких людей.

Сильные негативные эмоции, приступы бессильной ярости, которые не могут быть преобразованы в окружающем пространстве или не полностью реализуются, находят компенсацию на энергетическом, а затем на клеточном уровне.

К., 45 лет, двое детей. Родила детей и всю себя стала отдавать только им, считая, что муж теперь должен только обеспечивать семью и не получать от нее душевного тепла и ласки. Постепенно возненавидела мужа за требование внимания и взаимности. Стала носить в душе вражду и неприязнь к нему с пожеланиями ему куда-нибудь деться. Терпела его присутствие и выполняла необходимые заботы о нем. Сына при этом иногда называла «отцовским отродьем». Супруг попал под машину и погиб от разрыва легкого. Через месяц у ее любимой дочери началось двустороннее воспаление легких. После двух сеансов по снятию ненависти к мужу дочь быстро пошла на поправку.

Злоба, зависть и уныние перехватывают нам горло и перекрывают энергетические потоки, отсекая нас от первоисточника. Они не только считаются причинами почти всех земных болезней, но и величайшими грехами во всех религиях мира. Поэтому истинное раскаяние, прощение, любовь, неосуждение — это истинное освобождение души для единства со Вселенной и радости жизни. После раскаяния, осознания того, что вы больше не хотите так поступать, наступает следующий момент. Вы пытаетесь изменить в себе множество вещей. Вы решаете больше не злиться, но при всяком удобном случае вы снова попадаете в ту же ловушку: вы злитесь, а когда гнев уходит, раскаиваетесь. Это превратилось в порочный круг: вы гневаетесь, потом каетесь и вновь готовы разгневаться.

Это происходит потому, что вы пытаетесь изменить не саму причину, а лишь ее следствие. Для того чтобы отследить причину, надо находиться в полной осознанности, но не в контроле. Осознанность означает, что все происходящее в данный момент происходит в полном сознании, — вы присутствуете при этом. Если вы находитесь здесь, когда приходит гнев, гнев не сможет вспыхнуть. Сейчас мы много нашего времени проводим в прошлом. Наши реакции, поведение связаны с какими-то моментами нашего прошлого в этой жизни. Необязательно искать первопричину в прошлых жизнях. Пока механизм осознания не будет наработан в этой жизни, и пока вы не научитесь прослеживать кармические связи в вашей повседневной жизнедеятельности, вам никогда не откроется ваша прошлая жизнь. Вся информация, которую вы будете получать, будет лишь аналогией современных проблем.

Часто в своей жизни человек закрепляется в моменте прошлого переживания. Незавершенное так, как хотелось, дело оставляет горечь неудачи, сожаление, что не удалось сделать иначе, лучше, увереннее какое-то дело, и человек отправляется в плавание в свое будущее. Как корабль, который отплыл от причала, но забыл поднять якорь. Цепь якоря не дает спокойно плыть по волнам своей жизни, тянет, тормозит, заставляя опять возвращаться в прошлое. Человек все время находится в своем прошлом и стремится в будущее, поэтому не живет настоящим.

Вся красота жизни может быть здесь и сейчас. Прошлое уже прошло и не вернется, будущего еще нет, и все хорошее еще только будет. Цепляясь за прошлое и стремясь в будущее, человек не видит красоты, многообразия радости и счастья в настоящем. Так, мечтая о снеге, мы не замечаем красоты цветущих лугов и полей. Держась за вину не оказанной кому-то вовремя помощи и сострадания, мы не видим нуждающихся в нашей помощи здесь и сейчас. Женщина винит себя за то, что не оказалась вовремя в больнице со своей матерью, когда та умирала, и живет в состоянии вины перед умершей без нее. Рядом с ней ее дети, которые нуждаются в помощи, любви и сострадании, но не получают ее, так как их мать живет в прошлом. Она сама не радуется жизни, и жизнь детей превратилась в тусклый, безрадостный, однообразный момент затянутой и остановленной жизни.

ПРОШЛОЕ ФОРМИРУЕТ БУДУЩЕЕ

Психоаналитики уже сейчас знают, что корни того, что происходит сейчас с человеком, уходят в детство. Именно в раннем детстве закладываются модели поведения и взаимоотношения с жизнью, которые будут раскрываться потом всю жизнь.

Итак, закладка кармы вашей личной жизни происходит в детстве.

Ребенок растет, он стремится быть принятым этим большим миром взрослых. Его поведение, привычки, ожидания формируются в зависимости от того, как близкие люди и родители помогают освоиться с внешним миром. Для всех в раннем детстве родители были теми великанами, которые давали защиту, пищу, тепло. Они помогали увидеть и понять мир. Их объяснения явлений мира стало для вас на многие годы истиной, законом. Их руки поднимали вас так высоко, что вы были ростом с них, они вводили в большой мир, помогали расширять границы. Любовь этих огромных людей изливалась на нас, обволакивала заботой, опекой, радостью. Именно через них мы учились принимать любовь Вселенной, Бога.

Все это должно было так быть, но было ли это у вас?

Запуганные внешним миром, боящиеся заявить о себе в полный голос, взрослые показывают большой мир именно таким, каким видели его сами. Тогда они учили нас страху, и мы принимали их обучение за истину.

Невозможность собственной реализации, неспособность легко и свободно общаться, радоваться жизни становилась и нашим уделом. Что такое хорошо и что плохо, мы выучили именно у наших родителей. Потом всю жизнь кто-то боролся с «хорошо» родителей, не хотел так жить, как они — злился, раздражался, но опять поступал так же.

СТРЕССЫ, КОТОРЫЕ ЗАСТАВЛЯЮТ НАС СТРАДАТЬ

С момента зачатия и до последнего вздоха на этой земле мы учимся жить и выживать. Инстинкт самосохранения помогает нам записывать в подсознании реакции и модели поведения, которые помогли выжить в момент опасности, стресса, боли, страха. Эти реакции становятся нашими условными рефлексами. Сохраняясь и передаваясь из поколения в поколение, они становятся безусловными (по Павлову), а стало быть, не отслеживаемыми нами в нашем поведении. Мы сами уже не замечаем, как поступаем, говорим и что порой совершаем в тех или иных ситуациях. Инстинкт самосохранения, который так необходим нам в самом начале пути, чтоб выжить, сохраниться и освоиться с этим миром, постепенно начинает мешать. Как можно узнать что-то новое, если уже существует стереотип решения данной ситуации из прошлого опыта? Мы становимся марионетками наших прошлых реакций и опыта выживания в подобных ситуациях.

Наш инстинкт самосохранения записывал те стереотипы поведения взрослых людей, которые давали возможность быть сильным и выжить в любых условиях. В минуты усталости, болезни, страхов эти старые записи заставляют нас вести себя так, как вел себя «сильный» когда-то. В этот момент мы спим, нас нет — за нас говорит, двигается, воюет прошлая запись — в этот момент мы неосознанны. Здесь-то и делится контроль и осознанность. Контроль приводит к еще более ожесточенному контролю за своим поведением — он стремится убить неконтролируемые выбросы, но они все усиливаются и постепенно набирают столько силы и энергии, что начинают убивать физическое тело. Чем больше мы контролируем себя и других, тем больше понимаем, что скоро с этим уже не будем справляться. Мы воюем сами с собой, наш враг — это мы. Мы делимся на две половины — контроля и того, что мы пытаемся контролировать. То, что идет изнутри — сильнее, так как основано на инстинкте самосохранения. Именно поэтому, когда мы мобилизуем все силы на борьбу с ним, наш организм собирает все внутренние силы на противостояние. Мы же хотим выжить любой ценой. Именно поэтому подобная борьба приводит к тенденциям суицида.

В человеке заложено множество внутренних противоречий.

- Это секс, при котором люди полностью теряют силы и энергию реализации, так как не происходит обмена энергиями в этот период, созданный для объединения. Люди часто выбирают партнеров, с которыми наверняка невозможно раскрыться душой и объединиться, тогда это спортивные состязания, больше похожие на ринг, но здесь победителей нет.
- Алкоголь, который дает мнимое состояние ухода от проблем.
- Наркотики, связанные с обманом нахождения где-то еще и странной легкостью.
- Прием лекарств для всего и от всего и многое другое.

Единственный верный путь из всего этого — самоосознанность.

Слово «грех» первоначально означало «потеря», «промах». Это не значит, что вы сделали что-то плохое; оно просто означает, что вы упустили, потеряли бдительность, вы отсутствовали. Упустить, согрешить — значит, не быть здесь, сделать что-то, не присутствуя здесь, в этом единственный грех. Добродетель тоже одна-единственная, когда вы делаете что-то с полной бдительностью.

Если вы бдительны, многие вещи просто отпадают, вам не нужно отбрасывать их. В осознанном состоянии многие вещи невозможны.

Маленький мальчик играет на улице. Рыжий пьяный человек разбрасывает ногой его игрушки, крича что-то. Мальчик испуган, игрушки растоптаны. Проходит много лет. События, казалось, уже давно забыты. Малыш стал руководителем предприятия. Ему очень нужен хороший специалист. По своим каналам он наконец находит такого. Ознакомившись с положительными отзывами о нем, назначается собеседование. В кабинет входит рыжий человек, тембр голоса которого напоминает пьяного из далекого детства. Начальник начинает придираться, что-то его не устраивает в специалисте, и заложенная реакция побеждает. Человеку отказано, страдает производство.

Это пример того, как прошлые реакции, записанные стереотипы мешают нам жить и работать. На другом примере можно отследить, как поведение родителей строит семейную жизнь детей.

Папа пьяный возвращается с работы. Отметил получение зарплаты. Папа кричит, упрекает всех, что он «их кормит» и теперь заслужил право пропить половину денег с друзьями. Мама плачет.

Папина модель поведения — победитель. Мама — потерпевшая. У ребенка, который присутствует при этом, на уровне страха и стресса инстинкт самосохранения записывает папину модель поведения, так как он сильнее в этой ситуации, он победитель. Через много лет сын сам создаст семью. Жизненные проблемы, перегрузки, усталость и инстинкт самосохранения услужливо предложат модель выживания, чтоб быть сильным. Мужчина повторит папино поведение. Потом долго будет переживать, корить себя, но дело уже сделано, и в семье образовалась трещина.

Многие повторяют свои старые реакции на прошлые события сейчас, разрушая свою жизнь, создавая проблемы себе и окружающим.

Часто поведение родителей лишает детей нормальной жизни и радости. Вина, которую они насаждают детям, требует расплаты. Порой такой расплатой становится вся жизнь.

Женщина обратилась на прием. Ее проблема — это невозможность радоваться жизни. Видимых проблем в ближайшее время для отсутствия радости нет. У нее обеспеченная семья, муж, дети. Она занимается детьми и ведет тот образ жизни, о котором мечтают многие, но это не доставляет ей радости. Разобравшись в ситуациях ее детства, выяснили, что она из семьи небольшого достатка. Мать всю себя отдавала детям (что и делает сейчас клиентка), отец же пил, гулял и получал все доступные ему удовольствия. Мать постоянно ругалась с ним, обвиняла в том, что он ничего не делает для семьи, детей и тратит все на свои компании и выпивки, получая явное удовольствие при этом. Про свои «подвиги» мать постоянно твердила детям, что она живет только ради них, ей ничего не надо. Все это вылилось в безрадостную жизнь дочери. Она теперь тоже всю себя отдает детям и отказывает себе во всем, хотя всего вдоволь. Она отказывает себе в радости, чтоб быть хорошей для своей матери, достойной отказа матери в собственной радостной жизни. Так формируется карма. Найдя первопричину, далее было легко вывести, с чем был связан отказ радоваться, чего клиентка себя лишала, чтобы быть достойной своей матери. Все изменилось в жизни этой семьи. Женщина позволила себе иметь радость и все, что было связано с этим в хорошем понимании. Выяснилось также, что отец ее пил именно из-за своей жены. Он не мог видеть ее мрачного лица и слышать все время, как она жертвует всем для детей. Он хотел ее любить, видеть в ней ту одухотворенную девушку, на которой женился. Как только появлялся ребенок, отец радовался и стремился заниматься с ребенком, беря на себя все заботы, но жена устраивала скандалы и отгораживала его от детей. В ее представлении она должна быть хорошей. Но если в семье из двоих взрослых людей один хороший, второй должен быть плохим.

Теперь в семье моей клиентки царит радость и единство. Ее отец часто приезжает к ним, чтобы заниматься и ухаживать за детьми. Он совсем не пьет — ему это теперь не нужно.

Многие женщины живут с мужем только из-за того, что у детей должен быть отец. Думая, что делают добро, страдая и тихо плача о своей участи, они создают предпосылки для негативной кармы своим детям. Поведение родителей, усиленное душевными переживаниями матери, становится причиной несчастий в семьях детей.

Г. часто устраивал скандалы в своей семье, пугал жену и детей. После скандалов впадал в депрессию и постоянно винил и ругал себя. Он не мог себе простить свое поведение, но как бы ни пытался контролировать себя — все опять повторялось с периодичностью раз в месяц.

Посмотрев его детство, выяснили, что все его раннее детство отец, получив зарплату, приходил пьяным и устраивал скандалы жене, при этом постоянно лез к кроватке поцеловать сына. Запах перегара, объяснения в любви к нему отца смешались со скандалами.

Как уже говорилось ранее, на уровне инстинкта выживания в мозгу ребенка записывается поведение сильнейшего из взрослых. В дальнейшем, когда его организм находится в состоянии перегрузки, боли, усталости — эти модели выживания начинают руководить человеком. Неважно, сколько лет прошло с тех пор. Порой вы себе говорите: «Вырасту, никогда так не поступлю». Проходят годы, и вы ловите себя на том, что самые неприятные когда-то модели поведения ваших близких повторяете сами. Вы ненавидите себя за это, но ничего сделать не можете.

Нагрузка на работе, усталость регулярно включали эту запись в мозгу клиента, и он в полном неосознанном состоянии устраивал скандалы, где бранные слова чередовались с объяснениями в любви ребенку. Осознав причину, мы сняли и следствие. Теперь в этой семье нет скандалов, и мужчина может спокойно рассказать своим детям, как он их любит.

ВОСПИТАНИЕ ДЕТЕЙ И КАРМА РОДА

Взаимоотношения в семье, которые формируются кармическими проблемами рода, накладывают свой отпечаток на взаимоотношения ребенка с окружающим миром. Ребенок вырастает и идет в школу. Его окружением становятся люди, которые притягиваются общими кармическими проблемами. Именно поэтому порой нам кажется, что все живут так же, как мы. Отношение в семье к ребенку притягивает такое же отношение к нему учителей.

Учителем может считаться любой человек, оказывающий влияние на воспитание ребенка. Отдавая свой авторитет, а это необходимое звено обучающего процесса, ребенок перенимает от учителя не только сам предмет, но и проблемы самого учителя. Для того чтобы учиться, ребенок должен дать согласие на то, что обучающий его человек обладает большей способностью к жизни в «большом мире» взрослых людей, чем он. Таким образом, весь опыт взрослого человека копируется в ауру ребенка, а передаваемые на словах знания идут на сознательном уровне. Многие знания, полученные в период обучения, забываются, так как оказываются ненужными в выживании. Только те знания, которые подкреплены инстинктом выживания, становятся достоянием человека. Копия пережитых событий остается на энергетическом уровне ребенка достаточно долго. Если взрослый, чья копия была снята тонким телом ребенка, продолжает оставаться авторитетом для ребенка в жизни, то ребенок повторяет его модели поведения и реакции и сами события его жизни.

На прием пришли две подруги. Они обе учились в одном классе. В 1944 году обе поступили в школу и обучались у сильной и доброй учительницы. Эта женщина в войну, когда ей было 42 года, потеряла мужа и ребенка и всю себя отдавала детям в школе. Ее авторитет стал незыблемым для девочек этого класса. Окончив школу, институты, девочки вышли замуж.

Внешний вид обоих, прически, манера одеваться — все напоминало их первую учительницу. Обе женщины заняли руководящие посты в своих областях, растили детей. В 41 год одна из женщин потеряла мужа. Затем муж умер и у второй женщины от тяжелой болезни. Тяжело заболевший ребенок первой женщины послужил поводом прихода их на прием. Их самих стали уже пугать совпадения в жизни.

Проработав с ними, выяснили, что повторения в их судьбах вызваны копиями, снятыми в детском возрасте их тонкими телами. После кропотливой совместной работы с ними по изменению манер поведения, привычек, стало возможно стирание копии их учительницы. Тяжелая болезнь ребенка по мере работы уходила. К концу работы не осталось даже ее последствий.

Как уже говорилось, отношение к ребенку в семье притягивает учителей, которые обостряют негативные программы рода. В данном случае в обоих родах этих женщин были одинокие матери и потери мужчин. Приведу пример другого рода.

Мать привела своего сына на прием из-за того, что полное отсутствие интереса и нежелание учиться у девятиклассника привело ее к тяжелому нервному срыву.

Построив кармическое дерево рода, выяснили, что в роду обоих родителей жизнь мужчин обрывалась достаточно быстро. Революция, войны забирали жизнь мужчин этих родов. Женщины оставались одни и сами поднимали своих детей. В обоих родах выработался устойчивый стереотип сильной, волевой женщины. Эти женщины не ждали помощи, за все брались сами и надеялись только на свои способности, голову и руки.

Мальчик, которого привели на прием, родился болезненный (энцефалопатия). Семья переехала, когда ребенок закончил первый класс. Учительница, в класс которой он пошел, не уважала не только детей, но и их родителей. Всячески унижая и оскорбляя детей, она отбила им все желание учиться. Так как учителей начальной школы в районе не хватало, сдолать с ней ничего не могли. Постоянные насмешки, слова: «Тупой совсем», «Ты ничего не можешь», «Ты ни на что не способен», «У тебя совсем нет памяти — ты в жизни пропадешь», и так далее, постоянно унижали и опускали самооценку детей. К девятому классу дети, обучавшиеся в этой школе у такой учительницы, почти совсем уже не занимались. Особенно это касалось мальчиков. Возможно, у этой учительницы в роду были проблемы с мужчинами.

Родовой страх потери мужчин привел этот род к тому, что от данного мальчика уже не ждали самостоятельных решений. Никакой надежды на реализацию в жизни мать на него не возлагала. Имея на руках мужа-инвалида, она вся ушла в обеспечение своей семьи.

Мама выполнила необходимые задания и прошла несколько сеансов. Она отпустила сына, поверила в него и перестала, обессиливая и обесценивая, делать все за него. У мальчика появились интересы в жизни. Успехи его в учебе стали заметны всем окружающим.

«И он ответил так: Вы даете лишь самую малость, когда дарите часть того, чем владеете. Только тогда, когда вы отдаете часть себя самого, вы по-настоящему дарите. Ведь что есть то, чем вы владеете, как не вещи, которые вы бережете и охраняете из-за боязни, что они будут нужны вам завтра? А завтра — что принесет завтра слишком расчетливой собаке, закапывающей кости в бескрайних песках, когда она следует за паломником в святой город? И разве боязнь нужды не то же, что и сама нужда? Разве ужас от возможности жажды не то же, что сама жажда, даже если ваш колодец полон воды? Некоторые, владея многим, дарят лишь самую малость того, что имеют, и дарят лишь, чтобы другие узнали об этом; их скрытое желание этого делает их подарки безнравственными. А есть такие, которые обладают немногим и отдают все. Это те, кто верит в жизнь и в ее щедрость, и их кошелек никогда не бывает пуст. Есть такие, кто дарит с радостью, и эта радость есть их награда. И есть такие, кто дарит, но с болью, и эту боль они несут как свой крест. И есть те, кто отдает безболезненно и не ищет от этого радости и не думает о добродетелях. Они дарят так, как в цветущей долине мирт дарит свой аромат небесам. Руками таких вот, как эти, говорит Господь, и Он улыбается земле их глазами. Хорошо отдавать по просьбе, но лучше дать, когда тебя не просили, лишь потому, что ты сам все понимаешь. И для того, кто дарит охотно, поиск того, кому дать, — это радость много большая, чем само даренье. А есть ли что-нибудь такое, что нельзя подарить? Все, чем владеете, все равно когда-нибудь будет роздано. А раз так — отдавайте же сами, сейчас. Пусть время дарения будет вашим, а не ваших наследников. Говорите: «Я бы дал, но лишь тем, кто заслуживает». Деревья вашего фруктового сада не говорят так, не говорят так и стада ваших пастбищ. Они отдают, чтобы жить, потому что не отдать для них — значит погибнуть. Ведь наверняка тот, кто был избран, чтоб получить свои дни и ночи, достоин получить и все остальное, хотя б и от вас. Потому что тот, кто получил право пить из океана жизни, достоин наполнить свою чашу и из вашего маленького ручья. Разве может быть ноша тяжелее, чем та, которую надо взвалить, чтобы принять подаяние. Мужество, уверенность, милосердие даже нужны, чтоб подарок принять. И кто ты такой, чтоб люди унижались перед тобой, чтоб ты мог видеть их суть обнаженной и гордость, лишенной стыда? Убедись сначала, что ты сам достоин быть тем, кто дает, быть посланцем дарения. Ведь в действительности только жизнь дает жизни, а ты, мнящий себя дающим, на самом деле только свидетель. И вы, кто получил, — а получаете все вы, — не думайте о величине благодарности, ведь этим вы возложите тяжесть на себя и на того, кто вам дал. Вместо этого взлетите вместе с дающим на дарах его, как на крыльях, потому что быть заполненным думой о долге — значит сомневаться в щедрости того, чьей матерью была земля, свободная сердцем, и чьим отцом был сам Бог.»

Х. Джебран. Пророк

«ОТДАВАЯ — ОТДАВАЙ»

Часто родители, считая, что нужно воспитывать в своем ребенке доброту, начинают больше внимания и заботы оказывать окружающим детям, а не своему ребенку.

Мама приходит в больничную палату, в изолятор и начинает предлагать гостинцы сначала остальным детям, а потом уже садится рядом со своим ребенком и угощает его. У ребенка возникает состояние самого плохого и нелюбимого. Мама уйдет, а ребенок в детском коллективе так и останется «последним». Дети достаточно эгоистичны до определенного возраста. Сама природа роста и развития делает их такими.

На Востоке рассказывают такую притчу.

> Путник у дороги уронил несколько яблоневых семечек. Все они проросли в равных условиях. Одинаково светило солнце, одинаково получали они капли дождя и питание из Земли. Вот один росток решил: «Я не буду загораживать солнце другим росткам и не буду брать эти капли росы, пусть они достанутся другим», — и погиб. Только тот росток, который был достаточно эгоистичным и думал о своем питании и солнечном свете для себя, вырос в большую яблоню. Теперь все его ветви покрыты сочными плодами, и ветви его дают тень путнику. Он был достаточно эгоистичным, чтобы вырасти в большое плодоносящее дерево. Все ростки, лишившие себя сил для роста, погибли. Только один росток вырос в плодоносящее дерево. Теперь он может отдавать. У него достаточно для этого силы. Его корни глубоко уходят в землю, а крона принимает достаточно солнечного света и росы.

Детям необходимо вырасти, чтобы было что отдавать, а для этого им необходимо создавать условия роста и развития — одобряя их за самостоятельные шаги и реализацию, пусть самую незначительную.

Если родители только критикуют и осуждают ребенка, сравнивают его с «хорошими» детьми — они тем самым губят развивающиеся корешки и веточки будущего плодоносящего дерева.

Если вы видите плохо растущее растение, вы не читаете ему морали, не осуждаете — просто даете необходимые вещества, солнце, воду и т. д.

Ребенок до определенного возраста растет, как растение. Не стремитесь его «воспитывать», дайте ему необходимые условия для роста и освоения собственного тела. Только после установления взаимосвязей с окружающей действительностью, после установления своего «Я» ребенок с пользой может усвоить все то ценное, что вы можете ему дать.

Раннее обучение дисциплинам не может быть навязано — оно затормозит развитие и рост. Только увлекательная игра с освоением и утверждением себя в этом мире может для ребенка стать той питательной средой, которая поможет ему быстрее и увереннее занять свое место в мире.

Все навязанные занятия: «Давай садись заниматься. Давай выучим. Дети твоего возраста уже это должны знать», — только убивают в ребенке его человеческую ценность, и на этом деревце может не созреть ни одного яблока.

Зачастую наши требования к ребенку связаны с нашим детством. Не получив достаточно игрушек, занятий, умений и навыков, нехватка которых теперь весьма ощутима, мы пытаемся заполнить всем этим детство наших детей. Делая из своего ребенка себя, совсем не учитывая, что хочет ребенок, мы пытаемся компенсировать себе свое детство через него.

Папа жалеет, что его в детстве не научили играть на пианино. У него есть знакомый, который является душой компании. Этот человек прекрасно играет на пианино и поет. Испытывая дискомфорт от своего неумения, папа заставляет ребенка учиться музыке. Как много таких детей начинают ненавидеть инструмент, на котором играют! Повзрослев, многие больше никогда не притронутся к инструменту.

Навязывая обучение или какое-то занятие, родители совсем не учитывают данных и желаний ребенка. Ребенок увлечен совсем другим, но его тащат заниматься совсем не интересным делом. Почувствовать своего ребенка, открыть в нем заложенные таланты — вот задача любящих родителей.

Для того чтобы разобраться в своих желаниях и желаниях своего ребенка, предлагаю провести медитацию «Ребенок в себе», помещенную ниже.

РЕАЛИЗАЦИЯ ДЕТЕЙ

На первый взгляд, может показаться, что все родители хотят реализации своих детей, но какой? Как уже говорилось, многие родители, не получив необходимых знаний и умений, считают, что должны их дать своему ребенку. Мало кто задается вопросом: «Нужно ли это ребенку?». Каждый человек приходит в эту жизнь, имея свою, индивидуальную, кармическую программу. Она складывается из многих моментов. Основное же состояние — реализовать и раскрыть свою душу. Сильное желание и проблемы в роду *создают* те необходимые звенья, которые *создают* предпосылки для зарождения и проявления определенного таланта, это положительная карма рода. Например, в семье, где много людей страдают от тяжелых недугов, может родиться великий целитель, врач. В роду, который проживает далеко от «большой воды» и где многие не умеют плавать, — родится великий мореплаватель или пловец-спортсмен. Невозможность реализовать те или иные возможности в течение нескольких поколений создает предпосылки для реализации их через рожденного ребенка. Навязывание же взрослыми людьми своих возможностей и талантов ребенку зачастую угнетает его талант и делает его несчастным. Часто говорят, что у талантливого родителя рождаются дети, на которых «природа отдыхает». Не бывает бездарных детей! Подавление собственных детей своим авторитетом и талантом создает такой результат и нарабатывает негативную карму рода. Таланты в одной области, реализованные через родителей, оставляют для ребенка возможность блестяще реализоваться совсем в другой области. Очень редко положительная карма рода создает предпосылки реализации в одном направлении сразу нескольких людей. Вспомним семью Штраус.

Для прихода в семью души, чья энергия и положительная карма даст возможность большой реализации, родителям необходимо создать мощный целенаправленный энергетический поток. Существуют несколько практик подобного рода. Степень возможной реализации для ребенка зависит в большей степени от того, каким уровнем энергии обладали родители во время создания ребенка.

В тех родах, где взаимоотношения с детьми строятся по системе подавления, реализация ребенка становится весьма сложной задачей. Авторитетный стиль взаимоотношений подавляет развивающегося человека и ставит запреты на реализацию в тех областях, которые отрицаются родителями.

Многие люди, у которых основная проблема — сильный авторитет родителей, пытаются всю жизнь доказывать свое право быть ими признанными.

И. обратился за помощью. Его проблема состояла в том, что он не мог занять свое место на работе и среди людей. Любимая девушка ушла к более перспективному и устроенному (в материальном смысле) человеку.

Построив дерево его рода, выяснили, что с самого детства мама была большим авторитетом для него. Его мать выросла без отца и сама отстаивала свое место в жизни. Не надеясь на помощь своей матери, она в 16 лет уехала из дома в другой город. Работала и училась, посылая деньги матери. Она научилась быть «душой компании». Ее лидерство, дар рассказчика помогали ей в жизни. Пытаясь быть всегда интересной людям, она не заметила, как вырос ее сын. Единственно возможным путем привлечь к себе внимание матери для ребенка стала возможность стать интересным рассказчиком. Когда И. исполнилось 15 лет, он с матерью отправился на прогулочном катере в трехдневную экскурсию. Именно здесь сын проявил свою возможность быть интересным рассказчиком. Внимание матери было, наконец, обращено на него, но ее ревность была безгранична. Увидев, что сын привлек к себе людей своим рассказом, она унизила его при всех: «Какой бред ты несешь, ты все врешь!» Ей удалось опять притянуть к себе людей, и, что-то весело рассказывая, она увела их на другой конец палубы.

Окончив школу, мальчик уехал в другой город поступать в институт. Он отказался получить помощь маминых знакомых в поступлении в институт в своем городе. Зарекомендовав себя в студенческой среде прекрасным парнем и собеседником, он окончил институт и остался в этом городе, где пользовался успехом как интересный рассказчик в компаниях, но личная жизнь и рабочие отношения у него не складывались. Прежняя обида, нанесенная матерью, не отпускала его. В редких встречах мать всегда упрекала его за неуспех. Она часто говорила ему, что если бы он тогда воспользовался ее связями, то не оказался бы в такой ситуации. Эта женщина по-прежнему видела и слышала только себя.

Разорвав негативные связки, мешающие этому человеку найти свое место в жизни, мы добились успеха. Жизнь его изменилась. Он перестал искать признания у своей матери. Род его деятельности стал сильно отличаться от того, чем занималась его мать. Успех был очевиден.

Часто в семьях авторитетным становится поведение «страдальца». Отказывая себе в получении радости и счастья, такие люди заставляют быть несчастливыми и всех окружающих. Прячась за тяжести жизни и страдания, они не умеют быть счастливыми. Тяжелые события, принесшие в род много горя, наложили свои отпечатки. Если человек в своем детстве не был счастлив и защищен родителями, он носит в себе эту незащищенность и передает по наследству. Такие люди ищут благодарности и платы за свои страдания от близких людей, тем самым не давая им, в свою очередь, быть счастливыми.

Во время войны девушка потеряла своего любимого. Страх насилия и смерти подтолкнул ее к замужеству. В село, где она жила, пришли наши войска-освободители. Солдаты разместились в домах у местных жителей. Измучившись от страха и непосильного труда, жители с радостью принимали помощь от солдат. Истосковавшись по дому и теплу, солдаты помогали местным жителям. В семье девушки все мужчины погибли. Помощи ждать было неоткуда. Посоветовавшись с матерью, девушка приняла решение выйти замуж за солдата, тем более что он из Москвы. Уехав с Украины, она поселилась в Москве, для того чтобы помогать своей семье. Она принесла себя в «жертву» ради пропитания и материального благополучия семьи. Ее муж, рано потерявший отца (сталинские репрессии), уехал юношей в город, на заработки. Учась и работая, он посылал деньги своей матери. По этой программе он и получил такую жену. Дети, рожденные в такой семье, не были счастливы. Мать, имея статус «жертвы», которая делает все для других, требовала от своих детей благодарности и расплаты. Постоянные поездки на Украину «с гостинцами» стали их обязанностью. Вся семья жила только для того, чтобы летом везти все возможное в село. Измучив себя и детей, мать демонстрировала всем свои болезни, которые она получила, отказывая себе во всем. Эти заболевания стали своего рода «памятником» ее заслуг. Проблемы со здоровьем ее детей, внуков, несчастливая семейная жизнь дочери — это только часть реализации той негативной кармы, которую наработала эта женщина. Пока существует такая программа, единственной реализацией для детей является демонстрация степени своего страдания.

Снятие «венка мучеников» помогло этой семье. Научившись любить себя, эти люди полностью изменят свою жизнь — только тогда станет возможной реализация их детей.

«Возлюби ближнего своего, но не больше, чем себя... — говорил Господь» (*Мк.* 12:31).

Не любя себя, можно лишь делать несчастными всех своих близких.

СМОТРИ В ГЛАЗА

Система взаимоотношений, установленная в нашем обществе, тесно связывает честность и разговор «глаза в глаза». Почему-то считается, что честный человек обязательно смотрит прямо в глаза тому, с кем разговаривает. Это очень интересная тема, которая прежде всего связана с непосредственным давлением одного человека на другого. Разберем ее подробнее, чтобы понять пути воздействия человека на человека.

Глаза являются тем органом, через который человек получает и передает информацию. Любой обмен ею предусматривает отдачу своей энергии и получение энергии другого человека. Весь мир существует благодаря постоянному обмену энергией. Глаза человека, несущие в себе всю информацию о состоянии организма, излучают этот спектр энергий. Если смотреть прямо в глаза другому человеку, то между определенными зонами радужки образуется энергетическая связь, обмен энергиями. Если при этом орган одного человека нарушен, через его глаза излучается больная энергия, которая воздействует на соответствующую зону в глазах другого человека. Таким образом, подобный разговор «глаза в глаза» может принести ощутимый вред здоровью человека. Навязывая подобный разговор ребенку, взрослый человек заведомо обладает меньшей энергией и зачастую нездоровым полем. Забирая чистую детскую энергию, ослабляя детский организм, взрослый навязывает свою систему ценностей. Если понаблюдать внимательно за теми людьми, которые проповедуют подобный стиль разговора, то можно убедиться в наличии у них больших проблем. Только человек, живущий с комплексом неполноценности и сознающий невозможность свободной реализации, держится за подобный стиль общения.

Почему и для чего был введен такой стиль общения? Вспомним гипнотизеров — они всегда используют взгляд. Сила взгляда, концентрация его создает сильный луч, который подавляет другого человека и заставляет подчиняться командам. Глаза связаны с Аджной, центром в межбровье, основную функцию которого можно свести к интуиции. Интуиция же, хорошо развитая, приводит к всезнанию и общению с информационным банком всей Земли. Блокируя взглядом Аджну, воздействующий человек перекрывает связь с космосом и переключает все на себя. Такое воздействие равносильно зомбированию. Иерархи общества, строящегося по четкому принципу подчинения, всегда использовали подобный стиль общения для порабощения себе ниже стоящих. Научиться не глазами, а сердцем чувствовать другого человека, — вот что необходимо сделать, чтобы исправить негативную карму, наработанную подобным стилем общения.

Как часто во многих семьях можно слышать: «Яйца курицу не учат...» — но ведь ребенок ближе к информационному полю, чем взрослый человек. Мозг ребенка, еще не загруженный человеческими знаниями о природе вещей, получает больше энергетической информации. Его мозг еще открыт для тончайших космических вибраций. Процесс забывания подобных контактов начинается с обучения логическим рассуждениям и освоения языковых обозначений определенных объектов.

Если вы уже знаете, что стул — это стул, он перестает вас интересовать. Вы уже не пытаетесь узнать о нем что-то. Слова, обозначающие явления и предметы, постепенно становятся для человека знаковым обозначением познанного. Как все привычное, явления, получившие словесное обозначение, перестают нас интересовать (с познавательной точки зрения). Мы просто обладаем или не обладаем таким явлением или предметом. Так, например, говоря: «У меня есть шесть стульев», — вы даже не обозначаете, какого они цвета и формы и сколько у них ножек.

Мама с ребенком гуляет во дворе дома. Ребенок обращает внимание на цветок у дороги. Его необычная форма, цвет, запах притягивают ребенка. Он чувствует тончайшие энергии, которые объединяют его с цветком, его сердечко трепещет от восторга и еще чего-то неведомого. Ребенок показывает матери на цветок, и она его называет — это «цветок». Дальше, как часто бывает, она тянет ребенка за руку и не хочет понять, что ребенку интересно общение с цветком. Так постепенно закрывается мир энергий и чувств.

Как много взрослых уже не понимают прекрасного в мире природы и во всем том, что их окружает. «Да, — говорят они, — Это береза, потому что у нее белый ствол и свисающие ветви...» Такие люди «все знают», для них весь мир превратился в слова, обозначающие определенные признаки и различаемые посредством органов чувств. Таким людям все необходимо увидеть и почувствовать самим. Разъединившись с миром и отгородившись от него своими представлениями, они все это продолжают делать и с детьми. Иисус говорил, что царство Божие настанет на Земле тогда, когда каждый станет ребенком.

Вернуть себе познавательный детский взгляд на мир, стать радостными, как дети, — вот задача каждого. Пройти через установленные словами преграды и научиться чувствовать энергии. Объединиться с этим миром, почувствовать себя неделимой частицей его — это ли не прекрасная цель?

Наше тело постоянно обменивается энергиями с внешним миром. Эти энергии проходят по нашим меридианам. Наши тонкие энергетические тела постоянно пересекаются и взаимодействуют с полями всего живого на Земле. Продолжая дышать воздухом, получать солнечные лучи, принимать созидающие вибрации, распространяемые природой, человек замыкается в своих представлениях. Депрессия, одиночество, комплексы — все это рождается из системы самоограничения. Все это лишь следствие причин, созданных ранее. Не заставляйте своих детей нарабатывать причины, следствия которых вы будете потом пытаться вылечить при помощи медицины. Материалистические представления о мире создают систему ограничения. Чем больше в жизни детей сказочного, необычного, тем счастливее и радостнее сложится их жизнь. Дети видят живую душу во всем. Весь мир разговаривает с ними. Они видят и чувствуют те энергии, которые оставили другие люди, общаясь с неодушевленными предметами. Поэтому каждый предмет, игрушка для них имеют свой характер. Серьезными они всегда успеют стать, а вот ребенком!..

МЕДИТАЦИЯ «РЕБЕНОК В СЕБЕ»

Проводите эту медитацию каждый раз, прежде чем навязать что-то ребенку.

Займите удобную позу, чтобы ощущения тела не отвлекали вас.

Закройте глаза. Ваши руки лежат спокойно на коленях.

Представьте теперь себя маленьким — вам поможет ваша детская фотография.

Посадите себя маленького на колени себе сейчас.

Приласкайте себя маленького. Многим детям не хватает тепла и ласки, дайте ребенку в себе всю ласку и тепло, на которые вы только способны.

Теперь предоставьте все необходимые возможности. Если вы пытались купить своему ребенку больше игрушек — дайте игрушки себе маленькому.

Если вы усердно кормите ребенка — накормите ребенка в себе.

Если вы тащите ребенка заниматься чем-то — позвольте заняться этим ребенку в себе.

По окончании медитации почувствуйте, так ли необходимо все это вашему ребенку.

Каждый приходит в этот мир со своей программой. Навыки определенных занятий берет душа в новое тело. В каждом заложен его кармически обусловленный труд. Душа приходит на Землю не для того, чтобы освоить очередную работу. Помните это. Из жизни в жизнь переходит сфера деятельности. Если человек определил ее для себя, то экономия сил и времени, а также успехи на этом поприще очевидны. Если человек занимается не своим делом, у него не остается времени для развития души. Такая работа занимает слишком много физических и душевных сил. Такие люди, уходя на пенсию, теряют смысл жизни. Поэтому помогите своему малышу вспомнить, чем он занимался в прошлом. Помогите вспомнить все необходимые навыки и научиться управлять своим физическим телом. Если вам это удастся, ваш ребенок найдет себя в этом мире и будет счастлив.

В вашем роду этот труд кармически обусловлен. Большое желание предков овладеть навыками, но неспособных это реализовать самим — призывает в род душу, которая соберет все положительные ожидания рода и реализует их. Так приходят знаменитые люди.

Род, в котором много болезней, привлекает врача и целителя.

Мечты о море и умении плавать — привлекают пловца и моряка.

Желание голосом передавать нежнейшие вибрации души — привлекают певца и музыканта.

Можно бесконечно продолжать этот список. Каждый род нарабатывает свои положительные ожидания и создает уникальные таланты. Главное, не забить их в ребенке.

САМОРАСКРЫТИЕ

Отсутствие эмоциональной чувствительности к красоте и многообразию мира приводит к тому, что мы пытаемся заменить ее чувствительностью к смене природы. Не замечая красоты своей природы, мы едем на природу, которая заметно отличается (юг, другая страна), и любуемся ею, особенно тем, чего нет у нас в средней полосе. Таким образом, что-то новое, непривычное становится нашим эмоциональным возбудителем. Невозможность удивляться и радоваться привычному, а стало быть, уже не замечаемому нами, заставляет нас искать все новые развлечения. Постепенно круг развлечений расширяется и тоже перестает нас радовать, становясь привычным. Изначально же все вокруг становится привычным, неинтересным и нерадостным из-за согласия с тем, что жизнь «здесь» — это ничего хорошего и радостного. Кому мы дали такое согласие? Возможно, тем взрослым, которые не могли удивляться и радоваться нашим первым детским открытиям и радостям. Они не смогли нам сопереживать и говорили: «Что тут такого? Не понимаю» или: «Это все детские радости. Подрастешь — поймешь, что в жизни совсем другое». Таким образом, мы стали понимать, чему можно радоваться, а чему нет. «Смех без причины — признак дурачины», — говорили нам. И мы не хотели показаться дураками. Круг мелких повседневных радостей стал сужаться и заменился значительными радостями достижений и встреч. Но и эти радости не должны были занимать наше сознание слишком долго, так как нельзя постоянно радоваться одному и тому же. Когда вы полностью потеряли возможность находить радость внутри себя, удивляясь и радуясь многообразию мира, радость достижения затмила все.

Чтобы больше можно было радоваться уже достигнутому и чтобы это не казалось глупым для окружающих, мы стали делать окружающих соучастниками нашей радости, а стало быть, нашли или создали себе поклонников, которых заставили радоваться от лицезрения «знаменитых», отличившихся или достигших чего-то в жизни людей. Их достижения стали для нас авторитетом, не дающим нам найти свою радость. Мы стали скованы выражением им своего чувства восторга и почитания их таланта. Их же невозможность открывать для себя мир и познавать его сделала из них сухих «монстров», принимающих почитания и слегка улыбающихся «снисходительно» выражению восторга по отношению к их талантам. Они дошли до высшей точки своего развития, и теперь их уже ничего вовне не радует. Они стали «столпом», сравнялись с Вселенной в своей гордыне.

Другое дело — талантливые и познающие люди. Они не перестают открывать для себя новое в повседневной жизни. Именно они становятся открывателями законов Вселенной, всматриваясь туда, куда окружающие уже давно перестали смотреть из-за обыденности и привычки. Эти люди всю жизнь, как дети — радуются и удивляются каждой мелочи. Они не признают почитания их таланта — это даже пугает их, они не могут изобразить «столпа науки», который со своей высоты взирает на всех. Этим людям не надо быть авторитетными для окружающих. Всех они пытаются заинтересовать, увлечь своим занятием. Они так заразительны в своей радости, открытии, что окружающие невольно становятся такими же.

МЕДИТАЦИЯ «РАЗРЫВ НИТЕЙ-СВЯЗОК»

Все наши мысли, эмоции и действия нарабатывают связки с теми людьми, которые оставляют нас неравнодушными к ним. Подобные связки являются не чем иным, как цеплянием за свое Эго. Мы пытаемся выглядеть как-то перед людьми, установить определенное отношение к себе, и это не дает нам впоследствии успокоиться. Люди от нас ожидают выполнения определенных требований, связанных с их представлением о нас и о том, какие мы должны быть. Все это связывает и тормозит наше развитие. Для того чтобы освободить себе путь, необходимо освободиться от этих навязанных на нас нитей. В свое время мы сами опутываем нитями наших ожиданий и представлений наших знакомых, близких и родных.

Сядьте прямо в удобную позу, лучше всего, если ваши ноги будут подобраны, что дает возможность сконцентрировать свои энергии и силы. Руки лежат на коленях ладонями вверх, пальцы вытянуты вперед. Глаза закрыты. Представьте себе человека, с которым вы отстаивали свое «Я» или заставляли выглядеть соответственно своим представлениям. Помещаем его образ перед собой. Теперь сами себе скажите: «Свое забираю, реакцию принимаю». При этом одна рука набирает нити человека и рвет их за его спиной. Вторая рука собирает остальные концы оборванных нитей. Для удобства представьте эти нити, идущие с одной стороны вашего тела, обходящие человека за спиной и присоединенные к вашей другой стороне. Человек как бы притянут к вам такими нитями-связками. Или же от того человека идут нити, притягивающие вас к нему. В любом случае эти нити образованы обоюдными претензиями, эмоциями, ожиданиями.

Нити будут рваться, иногда вызывая беспокойство, страх — главное, спокойно принять их. Они наработаны вашей энергией, поэтому, возвращаясь, она не смогут причинить вам вреда.

Подобную медитацию по обрыванию нитей полезно провести с каждым близким человеком (родителями и детьми), с начальством, с сослуживцами. Подобные медитации рекомендуется проводить регулярно, особенно тогда, когда вы почувствуете зависимость, психоэмоциональную или физическую, от человека. Любая зависимость отбирает у вас силы и не дает продвигаться по пути развития своей души.

МЕДИТАЦИЯ «ОБНИМИ МИР»

Любовь — это радость единства.

Когда человек в унынии, ему хочется залезть в угол, уйти от всех, спрятаться: он разъединен. Трудно представить себе человека, который в плохом настроении, плача, пойдет к людям. Уныние — это разъединение, тогда как любовь и радость — это объединение. В любви и радости человек готов обнять весь мир. Все проблемы кажутся мелкими и незначительными, поэтому легко решаются.

Представьте себе человека, на которого вы держите обиду, вините его в своих проблемах, бедах. Он стоит перед вами.

Теперь обратитесь в свое сердце. Соберите в нем поток солнечного света, включите в него все свое желание любви, радости, счастья и направьте его на этого человека. Яркий поток света из вашего сердца воронкой расходится вокруг и охватывает стоящего напротив вас. Он тонет во все усиливающихся лучах любви и света, которые струятся из вашего сердца и души. Посмотрите на его глаза и лицо. Он начинает улыбаться, глаза светлеют и добреют. Его фигура начинает растворяться в лучах света, он становится этим светом. Теперь все светится в лучах вашей любви. Смех и радость наполнили весь этот мир света.

Пояснение. Почему именно солнечный свет? Солнце — это источник жизни, в его лучах все преображается. Лучи солнца охватывают всю Землю, они не дозированы для каждого. Мы не можем получать часть луча — оно отдает нам все. Так и человек, становясь источником солнечных лучей, раскрывается весь, отдавая всю радость и любовь, которая есть на этот момент. Чем больше отдает, тем больше он получает. Раскрываясь полностью, он становится полностью доступен постоянно идущим космическим лучам.

Послесловие

Тема кармы, причин и путей ее воздействия, конечно же, не может быть закончена на этом. Много интересных тем остаются еще не раскрытыми в этой книге. Самые главные ее страницы содержат конструктивные законы действия кармы — это, пожалуй, самое основное, что хотелось полностью отобразить здесь. Можно написать еще не одну книгу, приводя примеры из жизни моих клиентов и анализируя возникновение негативной и позитивной кармы. Порой некоторые сеансы представляют собой целые романы. Прослеживание наработок кармы в регрессиях помогают охарактеризовать нарастание того или иного ее момента. Данная книга, написанная по просьбе многих моих учеников и клиентов, является лишь вступлением в безбрежный океан познания законов Вселенной.

Наша прекрасная Вселенная — такая мудрая и гармоничная. Разрушать ее своим незнанием, агрессивно внедряясь на тонкие планы, — непростительная ошибка человека. Догадки и домыслы, основанные на незнании и неведении, создали сейчас много направлений, последователи которых запутались и растерялись на своем пути. Пусть эта книга станет для них лучиком света, который поможет им понять и найти себя. Все испытания, которые посылает нам Вселенная, нам по плечу. Господь не наказывает, он только дает понять, сколько у вас сил.

Один святой человек провел всю жизнь праведно. Его жизнь была наполнена тяжелыми испытаниями. В конце пути человек потерял силы и в минуту слабости зароптал: «Господи, я так служил тебе, за что такие испытания, почему ты не охраняешь меня?» И Господь ответил: «Я всю твою долгую жизнь нес тебя на руках как любимое чадо свое. Во все пропасти и невзгоды твоей жизни я вступал своими ногами, ты же был всегда на руках моих...»

КНИГА-ПОЧТОЙ

ЗАКАЗАТЬ КНИГИ ИЗДАТЕЛЬСКОГО ДОМА «ПИТЕР» МОЖНО ЛЮБЫМ УДОБНЫМ ДЛЯ ВАС СПОСОБОМ:

- по телефону: **(812) 294-01-04;**
- по электронному адресу: **postbook@piter.com;**
- на нашем сервере: **www.piter.com;**
- по почте: **197198, Санкт-Петербург, а/я 619 ЗАО «Питер Пост».**

Книги будут высланы вам наложенным платежом. Оплатить заказ вы сможете при получении посылки на ближайшем почтовом отделении. Цены на издания приведены ориентировочно и включают в себя стоимость пересылки по почте **(но без учета авиатарифа)**. Книги будут высланы нашей службой **«Книга — почтой»** в течение двух недель после получения заказа или выхода книги из печати. **Заказ должен состоять не менее чем из трех книг.** Заказ будет гарантированно выполнен, если состоит из трех экземпляров одного наименования.

БЛАНК ЗАКАЗА:

фамилия ____________ имя ____________ отчество ____________
телефон ____________ факс ____________ e-mail ____________
почтовый индекс ____________ регион ____________ район ____________
населенный пункт ____________
улица ____________ дом ______ корпус ______ квартира ______

СПИСОК КНИГ:

Код КП	Название, автор	Цена наложенным платежом	Количество заказываемых экземпляров
Серия «НИТИ СУДЬБЫ»			
3940	Энерготерапия семьи	39 р.	
3941	Энерготерапия здоровья	37 р.	
3942	Открой свою душу любви	39 р.	
3943	Разумный мир. Жизнь без конфликтов	43 р.	
3944	Разумный мир. Исправляем ошибки	43 р.	
3945	Разумный мир. Решаем проблемы	43 р.	

СПИСОК КНИГ:

Код КП	Название, автор	Цена наложенным платежом	Количество заказываемых экземпляров
	Серия «НИТИ СУДЬБЫ»		
3946	Матрица жизни. Самопознание	35 р.	
3947	Матрица жизни. Самооценка и удовлетворенность	35 р.	
3948	Матрица жизни. Исцеляющая истина	35 р.	
3949	Матрица жизни. Духовные и личные законы	35 р.	
2199	Магическая сила вашего дома	22 р.	
	Книги М. НОРБЕКОВА и Ю. ХВАНА		
0993	Уроки Норбекова	35 р.	
1007	Тренировка тела и духа	35 р.	
1009	Энергетическое здоровье	35 р.	
	Серия «САМ СЕБЕ ПСИХОЛОГ»		
4256	Мастер общения	34 р.	
4254	Поверь в себя	37 р.	
4253	Практика эффективного использования времени	42 р.	
4247	Человек при деньгах	39 р.	
4246	Имейте деньги. Психология богатства	39 р.	
2737	Психология жизни и смерти	39 р.	
4255	Практическое руководство по продлению жизни	42 р.	

КНИГА-ПОЧТОЙ

СЕРИЯ «НИТИ СУДЬБЫ»

О. Требунская, А. Требунский

МАТРИЦА ЖИЗНИ. САМОПОЗНАНИЕ

Почему одним сопутствуют удачи, а другие задыхаются от неприятностей... Почему иногда окружающие нас люди любят негодяев и ненавидят порядочных людей? Отчего люди, которые должны любить друг друга – ссорятся? Почему одни могут выпить и остановиться, а другие уходят в запой? Почему те, кто нуждается в общении, так часто одиноки? Что определяет состояние нашего здоровья, успешность, взаимопонимание в отношениях? Можно ли осознать причины всех проблем, происходящих с нами?

Ольга и Александр Требунские считают, что причину жизненных несчастий можно устранить. Попробуйте, это совсем несложно! Это скорее и не лечение, а увлекательное занятие, которое, однако, помогло тысячам людей во всем мире. Попробуйте – и вы научитесь работать со стрессом, обидами, чувством вины и страха и вылечите свой внутренний мир.

160 с., 13×20, обл.
Код 3946
Цена наложенным платежом 35 р.

О. Требунская, А. Требунский

МАТРИЦА ЖИЗНИ. САМООЦЕНКА И УДОВЛЕТВОРЕННОСТЬ

Умеете ли вы ценить себя? Что доставляет вашей душе искреннюю радость? Как научится дорожить вниманием окружающих? Насколько вы довольны собой, своей жизнью, детьми, друзьями, работой... судьбой, наконец. Неудовлетворённость обкрадывает нашу жизнь! От правильной самооценки, от умения радоваться жизни и быть ей благодарным зависит не только состояние нашего здоровья, но и взаимопонимание, семейное счастье, душевное спокойствие и даже размер получаемых доходов! Авторы считают, что «нелады с самим собой» можно устранить, и предлагают использовать психогенетический подход (ИДЕАЛ –метод). Попробуйте, это совсем несложно! Это скорее и не лечение, а увлекательное занятие, которое, однако, помогло тысячам людей во всем мире. Попробуйте – и вы излечите свой внутренний мир!

192 с., 13×20, обл.
Код 3948
Цена наложенным платежом 35 р.

ИЗДАТЕЛЬСКИЙ ДОМ ПИТЕР®
WWW.PITER.COM